电动汽车充电基础设施优化研究

李志恒 张 博 章 伟 史青戈 连 静 编著

人民交通出版社股份有限公司
北京

内 容 提 要

本书全面、系统地介绍了电动汽车出行行为特征和充电基础设施空间优化技术，电动汽车充电基础设施研究中核心的车辆行为分析和充电基础设施布局要点，以及充电基础设施运行评价方式。

本书可供从事相关工作的工程技术人员和科研人员参考，也可作为高等院校车辆工程专业、能源与动力工程专业及其他相关专业高年级本科生和研究生的参考书。

图书在版编目(CIP)数据

电动汽车充电基础设施优化研究/李志恒等编著
.—北京：人民交通出版社股份有限公司，2021.8
ISBN 978-7-114-17570-1

Ⅰ.①电… Ⅱ.①李… Ⅲ.①电动汽车—充电—基础设施建设—研究 Ⅳ.①U469.72

中国版本图书馆 CIP 数据核字(2021)第 162427 号

Diandong Qiche Chongdian Jichu Sheshi Youhua Yanjiu

书　　名：	电动汽车充电基础设施优化研究
著 作 者：	李志恒　张　博　章　伟　史青戈　连　静
责任编辑：	戴慧莉
责任校对：	刘　芹
责任印制：	刘高彤
出版发行：	人民交通出版社股份有限公司
地　　址：	(100011)北京市朝阳区安定门外外馆斜街 3 号
网　　址：	http://www.ccpcl.com.cn
销售电话：	(010)59757973
总 经 销：	人民交通出版社股份有限公司发行部
经　　销：	各地新华书店
印　　刷：	北京虎彩文化传播有限公司
开　　本：	787×1092　1/16
印　　张：	9.75
字　　数：	240 千
版　　次：	2021 年 8 月　第 1 版
印　　次：	2021 年 8 月　第 1 次印刷
书　　号：	ISBN 978-7-114-17570-1
定　　价：	38.00 元

(有印刷、装订质量问题的图书由本公司负责调换)

前　言

发展电动汽车是落实国家能源战略、大气污染防治计划和节能减排政策的重大战略举措，是我国从汽车大国迈向汽车强国的必由之路，在保证能源安全、促进节能减排和电力系统削峰填谷等方面具有不可或缺的作用。

随着电动汽车的发展和对充电需求的变化，市场对充电设施技术升级和科学合理布局、提高充电服务水平提出更高要求，充电设施的发展优化亟待优化和提升。

本书是科技部重点研发计划政府间国际科技创新合作重点专项《基于电动汽车规模化应用下的充电基础设施优化研究》的成果之一，汇聚了项目团队7个单位[清华大学深圳国际研究生院、同济大学、大连理工大学、中国汽车技术研究中心有限公司、杭州交通卫星定位应用有限公司、上海国际汽车城(集团)有限公司、深圳市公路客货运输服务中心有限公司]的研究成果。本书聚焦于电动汽车规模化应用下的充电基础设施优化研究，分析研究了电动汽车出行行为特征、充电基础设施空间优化技术以及充电基础设施运行评价方式，包括充电基础设施用户满意度研究和充电基础设施运营评价研究，对比研究了充电基础设施政策，提出了充电基础设施优化布设建议。

在本书编写过程中，清华大学深圳国际研究生院的老师和同学对书稿做了大量整理工作，谨在此向他们致以最诚挚的感谢。最后，由于编写时间短，编者水平有限加之经验不足，本书难免有疏漏和不足之处，恳请各位同行和读者批评指正。

作　者
2021年6月

目 录

第一章　城市内电动汽车出行行为分析 ································· 1
　　第一节　城市内电动汽车出行行为分析概述 ······················· 1
　　第二节　杭州市电动汽车出行行为分析 ··························· 1
　　第三节　上海市电动汽车出行行为分析 ··························· 4
第二章　充电基础设施空间优化技术 ································· 16
　　第一节　基于点需求的电动汽车充电设施规划研究 ················ 16
　　第二节　基于流量需求的电动汽车充电设施规划研究 ·············· 40
第三章　充电基础设施运行评价 ····································· 69
　　第一节　充电基础设施用户满意度的评价指标 ···················· 69
　　第二节　多层次评价模型的建立 ································ 71
　　第三节　问卷调研 ·· 73
　　第四节　问卷信度效度分析 ···································· 75
　　第五节　充电基础设施评价 ···································· 89
第四章　充电基础设施运营评价 ····································· 96
　　第一节　充电设施效率分析 ···································· 96
　　第二节　充电站经济效益理论分析 ······························ 99
　　第三节　充电基础设施效率效益分析 ··························· 105
　　第四节　电动汽车充电行业发展势态分析 ······················· 117
第五章　充电基础设施政策研究 ···································· 120
　　第一节　中国充电基础设施支持政策 ··························· 120
　　第二节　中国典型城市电动汽车充电基础设施政策对比研究 ······· 125
　　第三节　德国典型城市充电基础设施建设规划及政策研究 ········· 138
第六章　充电基础设施优化布设 ···································· 144
　　第一节　中德典型城市政策效果及差异性分析 ··················· 144
　　第二节　充电基础设施政策及经验借鉴 ························· 148
参考文献 ·· 149

第一章　城市内电动汽车出行行为分析

第一节　城市内电动汽车出行行为分析概述

城市内电动汽车出行行为分析是指在电动汽车规模化应用的背景下,基于现有电动汽车大数据基础,建立城市电动汽车出行行为分析指标体系,结合城市属性及电动汽车保有情况构建电动汽车增长预测模型,同时,结合城市交通小区划分和电动汽车OD(交通出行量)分布,建立研究年度电动汽车时空分布预测模型,从而分析城市电动汽车保有量和出行时空分布,为城市充电设施空间布局和配置优化提供支撑。

城市电动汽车出行行为分析可分为三个部分。

第一是城市电动汽车出行行为分析指标体系研究,基于电动汽车公共采集数据建立城市电动汽车出行行为分析指标体系,通过指标来刻画电动汽车用户出行行为特征,从而便于后续分析预测工作开展。

第二是电动汽车保有量增长预测研究,基于城市基本数据和电动汽车推广数据,建立基于巴斯扩散模型的城市电动汽车保有量预测模型,从而得到未来年度各城市电动汽车增长量和保有量情况。

第三是电动汽车出行时空分布预测研究,对电动汽车出行量预测、电动汽车出行分布预测和电动汽车出行分配预测三个部分逐一建模与求解,从而较合理准确地预测出各交通小区、各路段电动汽车交通流量。

本章将以杭州市和上海市的电动汽车出行大数据为例,进行城市内电动汽车出行行为分析。

第二节　杭州市电动汽车出行行为分析

本节利用杭州市新能源平台基础数据以及分析模型,对杭州市的电动汽车出行行为进行分析,通过规划方法,对杭州市(大杭州区域)区域内已接入平台的整体数据(包括交通流数据、充电桩数据、预测性数据等)进行具体分析,产生对充电设施的需求把控。采用趋势图、柱状图、饼图等各种数据可视化方法对杭州市的电动汽车出行行为进行分析,获取电动汽车出行行为规律。

一、研究过程

(一) 数据采集

进行真实的电动汽车出行行为分析的关键是数据采集。本节共采集了包括杭州市电动汽车单次行驶里程、单次行驶时长、单次行驶频次、单次行驶时间分布、行驶目的地区域分布、充电桩空间分布、充电 SOC(荷电状态)变化分布等数据。

通过电动汽车车载自诊断设备的实时数据传输,将样本区域内的电动汽车工况数据及车辆信息数据统一传输给分析平台,分析平台对上传数据的数据质量进行分类,提炼出有效的样本数据用以分析工作。

(二)电动汽车出行行为分析

1. 电动汽车行驶行为分析

(1)单次行驶里程。通过单次行驶里程的分布,进而获取电动汽车用户的单次行驶距离和活动半径,掌握用户的出行习惯。

(2)单次行驶时长。通过电动汽车行驶时长的统计分析,获取在时间维度内的行驶特征。

(3)单日行驶频次。通过单日行驶频次的统计分析,获取电动汽车用户的行驶频次特征,间接反映车辆的使用目的情况(上班、临时外出、租赁等)。

(4)单日行驶时间分布。通过单日行驶时间分布特征,获取电动汽车用户的分时段出行强度,反映车辆不用时段的活跃情况。

(5)行驶目的区域位置分布。通过每次行程的起点和终点统计分析,获取不同时段各区域电动汽车数量,描绘出电动汽车空间分布热力图。

2. 电动汽车充电行为分析

电动汽车充电行为的核心特征涉及充电时刻、充电时长、充电 SOC(荷电状态)、充电频次等指标,通过分析车辆的核心指标,掌握当前车辆的充电特征。再结合停车和充电设施空间分布,可以有效描述城市车辆的时空分布特征。

(1)充电及停车时间分布:通过时间分布曲线,可以了解用户充电的活跃时段。用户的停车时间曲线,可以反映用户间接具备充电条件的情况。停车特征结合充电特征,可以展现充电行为与停车行为在时段上的匹配情况。

(2)充电时长及充电间隔时间分布。通过充电时长分布,可以了解当前充电环境下,充电桩的利用情况。而对比研究充电间隔时间分布,可以了解充电习惯以及对车位的占用情况。

(3)充电 SOC 变化分布。通过对充电起始 SOC 和充电 SOC 变化的研究,可以了解用户的充电习惯,以及对于车辆续驶里程的关注情况。

(4)单次充电最大充电功率分布。通过对车辆充电功率的研究,可以了解实际充电时,充电设施功率的输出情况。

(5)车辆停车及充电空间分布。基于监测数据中充电(停车)的状态数据和位置数据,可以研究车辆充电(停车)行为的空间分布,研究内容主要包括单车充电位置集中度、充电次数的空间分布、充电时长的空间分布等。通过以上分析,可以了解不同区位的充电情况,分析不同区位充电设施的建设情况。

3. 充电桩分布分析

充电桩布局分布涉及充电用户需求情况、企业规划等因素。充电桩的分布情况通过充电桩企业的数据推送,获取充电桩动态及静态数据,描绘出充电桩空间分布图。

二、研究成果

（一）监控与管理平台功能介绍

杭州市新能源汽车运行监控与管理平台（以下简称平台）是浙江省唯一的新能源汽车监管平台，系全国交通系统首创。平台实现了数据采集系统、数据处理系统、充电桩信息监测系统、车辆工况动静态监测系统、信息共享与报送系统、公众信息发布系统、车辆安全运行告警系统、车辆节碳当量分析系统、日常工作管理系统、辅助决策支持系统、基础数据管理系统11大系统模块的功能。目前，平台接入车辆总数量为74254辆，环比增长1.62%；充电站接入数为455个，充电桩接入数为6725个。

平台建设以服务新能源车辆管理及相应辅助活动为目标，围绕以下11个系统模块展开。

（1）数据采集系统。各车企车联网平台通过《电动汽车远程服务与管理系统技术规范 第3部分：通信协议及数据格式》（GB/T 32960.3—2016）中的协议转发数据接入本系统。主要实现整车车辆信息等方面的实时数据采集。

（2）数据处理系统。通过各车企车联网平台实时转发的数据进行相关处理，主要包括冗余数据的简约处理、异常数据的判断与处理、缺失数据的处理等。处理完毕后，根据业务需求通过平台整合相关数据进行业务分析，形成报表。

（3）充电桩信息监测系统。通过与杭州充电桩统一平台进行数据对接，根据接入数据，实现检测充电桩数据异常情况并进行上报和根据充电桩分布位置、充电桩使用率进行数据可视化，实现对充电设施基本数据的监测管理。

（4）车辆工况动静态监测系统。根据《电动汽车远程服务与管理系统技术规范 第3部分：通信协议及数据格式》（GB/T 32960.3—2016）中的协议接入车企提交的数据，实现对车辆的电机等相关工况进行静态监测；对实时状态、历史轨迹追溯、速度曲线、行驶记录仪状态详情、里程统计、告警统计、上线统计、超速分析、ACC（自适应巡航控制）分析、停车统计等指标进行动态监管。

（5）信息共享与报送系统。与杭州市交通数据中心等平台、应用系统的数据进行共享与交换。

（6）公众信息发布系统。以杭州交通微信公众号和指挥中心为发布平台，实现对采集设备信息综合分析、信息发布，公众用户可使用信息查询等服务。

（7）车辆安全运行告警系统。通过接入车企相关数据，采集运行车辆行为，对企业平台实现异常告警下发，提供企业平台告警分级处理意见，可根据已有的安全预警算法，对采集数据进行计算和判断，实现对营运企业管理平台安全预警，包括超速告警、疲劳驾驶、不良驾驶告警、故障提醒、异常预警等。

（8）车辆节碳当量分析系统。实现对运行车辆用电量统计，对相应燃油能量消耗排放进行比较分析，对雾霾因子的排放进行换算分析。

（9）日常工作管理系统。建立车辆企业知识库，提供相关维护及查询功能；建立窗口咨询子系统，提供日常值班人员接待及咨询记录并保存；建立车企信息维护模块，提供车企相关信息的日常维护功能；建立基础信息筛选模块，根据数据分析统计结果，能够快速查询车辆相关整体信息；与呼叫中心系统、车辆营运平台、运营座席系统对接,有效支撑咨询、投诉、委托监管等服务。

(10) 辅助决策支持系统。在多种数据采集及处理的基础上,实现对采集数据的分析,基于杭州市整体新能源车辆安全实时状态,对企业用户/行业管理部门提供辅助决策支持。实现辅助安全市场导向,对安全车辆及零配件进行评估,优选安全企业,筛选质保重点；提供车辆补贴发放功能,对车企传送到平台的相关车辆信息,通过数据分析及业务进行筛选,根据补贴发放标准进行数据比对,对于符合补贴发放标准的车辆,进行线下补贴发放,平台导出发放记录及保存相关发放信息。

(11) 基础数据管理系统。实现对车辆、充电设施基础数据、监测参数、告警参数、分析模型参数、系统用户和岗位权限等的设置、修改及管理。

(二) 平台运营与维护

除了 11 个系统模块,还需要提供平台运营维护服务,主要运营维护服务工作有以下几个方面。

(1) 系统日常维护。现场驻点,保障平台车辆运行状态数据的采集、存储和查询,系统稳定运行,做好相应的维护记录、问题处理报告等。

(2) 对电动汽车进行 $7 \times 24h$ 全方位实时监测。

(3) 咨询及提醒服务。为行业监管部门、车企、营运公司等提供快速、便捷、有效的统计分析和咨询服务,并对出现问题及时提醒。

(4) 为新能源政策的制定和实施提供更具公信力的数据服务。

(5) 新能源车辆补贴辅助审核。通过对监管车辆的运行数据分析,协助监管部门对申请新能源补贴的车主进行资格审验。

第三节　上海市电动汽车出行行为分析

一、上海市电动汽车出行行为分析指标体系研究

基于《电动汽车远程服务与管理系统技术规范》(GB/T 32960—2016)所采集的电动汽车数据,记录了大量电动汽车的出行行为数据,这些数据包含了车辆在时间和空间两个维度上的出行和充电特征,涉及车辆里程和电量的变化等信息。本小节通过总结关键的行为分析指标,来描述车辆的出行行为特征,通过重点指标数据,为充电设施的选址规划提供数据支撑。

(一) 电动汽车数据准备

上海电动汽车的行为数据由上海市新能源汽车公共数据采集与监测研究中心(以下简称数据中心)提供,所提供的车辆原始数据按照《电动汽车远程服务与管理系统技术规范》(GB/T 32960—2016)进行定义。数据主要涉及与车辆出行和充电起讫状态相关的核心指标。车辆涉及 2019—2020 年间在上海市运行的新能源乘用车(行为分析报告主要选取纯电动乘用车),车辆品牌涉及上汽乘用车、比亚迪、特斯拉、吉利、威马等 40 多个主流汽车品牌。

在实际数据准备中,总车辆数已达 10 万辆规模。

(二)海量数据的处理算法

用于分析的车辆数据共涉及 40 多家车企 300 多个车型,且车辆生产时间跨度覆盖 2016—2020 年,这导致不同车辆的数据质量存在一定的差异性。

原始数据中存在的问题主要包括数据丢失、数据异常跳变、字段数据异常等,具体见表 1-1。而异常数据的干扰,对车辆原始行为状态的判定、指标数据的取值都带来了较大的困难。

常见数据异常情况　　　　　　　　　　　　　　　　　　表 1-1

常见数据异常	备 注
数据丢失	原始数据存在异常发送中断,出现数据丢失。数据丢失可能发生在出行或充电行为的任何阶段,可能造成关键数据提取结果的异常
数据异常跳变	数据会突然发生变动: 1. 正常值变动为非定义内的数值; 2. 正常值变动为另一个正常值,变化幅度异常
字段数据异常	1. 数据内容与定义不相符合; 2. 部分变量数据保持不变

通过联合数据中心所设计的大量数据的处理算法模型,在经过多品牌多车型的循环验证后,形成了一套分段准确的兼容多种数据异常情况的通用性数据处理和关键数据提取方法流程,并形成了相应的规则文档。

在研究车辆每次的出行和充电行为时,通过编写算法将 10~30s 时间间隔的连续原始数据,切分为出行 D、充电 C 和停留 P 三种不同状态类型的片段数据(图 1-1),并提取每次行为起讫状态和行为过程中的关键指标,用于分析用户行为特征,并辅助评价车辆数据质量。表 1-2 对关键指标做了详细的说明。相关结构化的行为片段数据,将成为进行后续指标分析的关键。

图 1-1　连续数据的切分方式(示意图)

提取后的行为关键指标及示例　　　　　　　　　　　　　表 1-2

序号	关键指标字段	提取信息示例	备 注
1	t.vin	LSJE24030JG3332XX	车辆 VIN 码
2	trip_kind	D	片段状态 DPC
3	start_time	2020/4/6 13:43:14	行为开始时间
4	end_time	2020/4/6 13:59:13	行为结束时间
5	merge_num	1	碎片信息合并次数
6	interval_time	0	充电停滞时间
7	start_soc	66	行为开始电量
8	end_soc	68	行为结束电量

续上表

序号	关键指标字段	提取信息示例	备注
9	diff_soc	0	前后行为丢失电量
10	start_summileage	61342	行为开始里程
11	end_summileage	61345	行为结束里程
12	start_speed	0	开始时速度
13	end_speed	7.6	结束时速度
14	jumpnum_summileage	0	过程中里程跳变次数
15	jumpnum_soc	0	过程中电量跳变次数
16	point_num	96	过程中原始数据条数
17	max_speed	7.6	过程中最大速度
18	uit	64582.9	过程中电流×电压合计
19	start_longitude	121.256458	开始经度
20	start_latitude	31.120227	开始纬度
21	end_longitude	121.256304	结束经度
22	end_latitude	31.120238	结束纬度

(三)基于车辆行为片段的数据分析

围绕汽车出行和充电行为的分析,基于1.4万辆车辆样例数据,进行了指标制定和指标计算工作。行为分析内容涵盖车辆平均行为特征指标、每个特征指标内车辆数的分布情况、车辆行为总体的次数分布特征以及空间分布特性等,见表1-3。

城市电动汽车出行行为分析指标　　　　表1-3

出行分析指标	充电分析指标
总出行里程及车辆分布	总充电电量及车辆分布
总出行时长及车辆分布	总充电时长及车辆分布
总出行天数及车辆分布	总充电天数及车辆分布
日/月出行里程及车辆分布	日/月充电电量及车辆分布
日/月出行时长及车辆分布	日/月充电次数及车辆分布
—	日/月充电时长及车辆分布
—	单次充电时长及次数分布
—	单次充电电量及次数分布
—	单次充电起讫SOC分布特征
出行时空分布特征	充电时空分布特征

围绕以上指标,利用 Python 和 Tableau 等编程和可视化工具,对选择的上海市 1.4 万辆运行强度较高的车辆(月出行里程大于 2000km 的车辆,出行习惯接近网约车和出租汽车,共 9 周 63 天的数据)进行试算分析。

试算分析共选取 1.4 万辆纯电动汽车,经过判断车辆出行和充电的数据完整度等因素,实际选取有效样本为 10139 辆(涉及多个车型),各企业样本情况详见表 1-4。

试算分析样本车辆　　　　　　　　　　　　　　　表 1-4

企业通用简称	车 辆 数	企业通用简称	车 辆 数
上汽乘用车	7194	江淮	77
上汽通用	666	云度	40
吉利	658	东风日产	30
比亚迪	474	长城	27
特斯拉	323	上汽大众	11
威马	284	广汽丰田	7
广汽乘用车	182	总计	10139
北汽新能源	166		

表 1-5 为试算分析的主要结果,其反映了高运行里程纯电动汽车的行为特征。

车辆主要指标字段　　　　　　　　　　　　　　　表 1-5

序号	不同车辆平均分析指标	中 位 数	平 均 数
1	车辆总出行天数(天)	61.0	59.4
2	车辆总出行里程(km)	13180.0	12767.6
3	车辆日均出行时长(h)	9.8	9.0
4	车辆日均出行里程(km)	220.0	213.1
5	车辆总充电天数(天)	55.0	52.2
6	车辆总充电次数(次)	94.0	92.4
7	车辆总充电电量(kW·h)	2229.2	2177.6
8	车辆日均充电次数(次)	1.7	1.7
9	车辆日均充电 SOC 变动(%)	87.6	87.5
10	车辆日均充电电量(kW·h)	41.3	40.8

从每辆车的总出行里程和总充电电量的散点分布图(图 1-2)可以看出,数据具有比较好的线性相关性。其线性回归曲线为:

$$总充电电量 = 0.1635 \times 总充电电量 + 90.36$$

从物理意义上可理解为这批车辆每行驶 100km,平均需要补给电量 16.35kW·h。

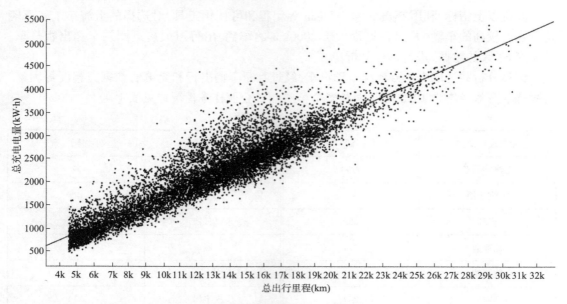

图 1-2　总出行里程和总充电电量的车辆散点分布

1. 车辆总出行天数(平均总出行61.0天)

通过分析表1-6得出,出行天数大于等于56天的车辆占比达到84.6%(每天出行的车辆占比达到30.3%),车辆保持较高的出行强度。

总出行天数的车辆数分布　　　　　　　　　　　　　　表1-6

总出行天数	车辆数占比(%)	总出行天数	车辆数占比(%)
21~28	0.00	49~50	11.80
28~35	0.10	56~63	54.30
35~42	0.60	63	30.30
42~49	2.90		

2. 车辆总出行里程(平均总出行1.28万km)

通过分析表1-7得出,车辆的总出行里程范围分布较广,车辆行为差异较为明显。其中,18%的车辆出行里程可达到14000~16000km,占比最高。

总出行里程的车辆数分布　　　　　　　　　　　　　　表1-7

总出行里程(km)	车辆数占比(%)	总出行里程(km)	车辆数占比(%)
4000~6000	11.40	14000~16000	18.00
6000~8000	9.00	16000~18000	12.60
8000~10000	8.50	18000~20000	6.70
10000~12000	11.80	20000~22000	2.70
12000~14000	16.70	22000以上	2.70

3. 车辆日均出行时长(平均日均出行时长9.0h)

通过分析表1-8得出,车辆的日均出行时长主要集中在9~12h,占比达到42.8%,总体来看车辆出行时长较长,较为符合运营车辆的特征,而且部分车辆出行时长超过15h,表现出双班运行的特征。

日均出行时长的车辆数分布　　　　　　表1-8

日均出行时长(h)	车辆数占比(%)	日均出行时长(h)	车辆数占比(%)
0~3	7.7	12~15	15.2
3~6	14.3	15~16	2.2
6~9	17.5	18~21	0.3
9~12	42.8		

4. 车辆日均出行里程(平均日均出行里程213.1km)

通过分析表1-9得出,与出行时长相对应,车辆日均出行里程主要集中在150~300km,达到67.9%,表现出运营车辆的特征。

日均出行里程的车辆数分布　　　　　　表1-9

日均出行里程(km)	车辆数占比(%)	日均出行里程(km)	车辆数占比(%)
50~100	9.0	250~300	21.8
100~150	13.2	300~350	7.0
150~200	16.2	350以上	2.9
200~250	29.8		

5. 车辆总充电天数(平均总充电天数52.2天)

通过分析表1-10得出,研究选取的车辆,保持着较高的出行强度,其充电频次也比较高。44.5%的车辆有充电行为的天数可以达到56~63天,更有4.3%的车辆每天都会进行充电。

总充电天数的车辆数分布　　　　　　表1-10

总充电天数(天)	车辆数占比(%)	总充电天数(天)	车辆数占比(%)
14~21	0.60	42~49	12.90
21~28	2.30	49~56	23.70
28~35	4.50	56~63	44.50
35~42	7.30	63	4.30

6. 车辆总充电次数(平均总充电次数92.4次)、日均充电次数(平均日均充电1.7次)

通过分析表1-11得出,为了保持较高的出行强度,71.24%的车辆平均每天充电的次数在1~2次之间。

总充电次数的车辆数分布　　　　　　表1-11

日均充电次数(次)	车辆数占比(%)	日均充电次数(次)	车辆数占比(%)
1~2	71.24	3~4	1.26
2~3	27.41	4~5	0.09

7. 车辆总充电电量(平均总充电电量2178kW·h)

通过分析表1-12得出,车辆的总充电电量分布较为广泛,23.9%的车辆总充电电量可达到 2000~2500kW·h。

总充电电量的车辆数分布 表1-12

总充电电量(kW·h)	车辆数占比(%)	总充电电量(kW·h)	车辆数占比(%)
500~1000	11.2	3000~3500	10.0
1000~1500	12.7	3500~4000	3.5
1500~2000	15.4	4000~4500	1.4
2000~2500	23.9	4500 以上	0.5
2500~3000	21.6		

8. 车辆日均充电SOC变动(车辆平均日均充电SOC变动87.5%)、日均充电电量(车辆平均日均充入电量40.8kW·h)

通过分析表1-13得出,车辆每日平均充入80%~100%电量的车辆数占比最高,可达到32.7%,这些车辆单日充电强度接近车辆的满载电量。

日均充电SOC变动的车辆数分布 表1-13

日均充电SOC变动(%)	车辆数占比(%)	日均充电SOC变动(%)	车辆数占比(%)
20~40	2.1	80~100	32.7
40~60	13.3	100~120	19.9
60~80	22.0	120 以上	2.2

以上为电动汽车出行和充电行为的平均指标数据及分布特征分析。为了更全面地了解每一次出行和充电行为的特征,下面将主要从行为次数的角度进行分析。

9. 每次充电开始和结束时的SOC情况

图1-3显示了1万辆车共93万次充电行为的分布情况,纵轴为充电行为开始时的车辆SOC区间,横轴为充电结束时车辆SOC区间。充电开始行为在SOC为10%~70%的区间都有广泛的分布,30%~50%的区间分布最高。充电结束行为在SOC为100%的次数占比最高,达到41.31%,表明运营车辆的大量充电行为会将电池完全充满,38.36%的充电行为会将电池电量充到90%~100%的区间。

充电开始时电量区间(%)	0~10	10~20	20~30	30~40	40~50	50~60	60~70	70~80	80~90	90~100	100	总和
0~10	0.03%	0.13%	0.14%	0.16%	0.16%	0.18%	0.18%	0.21%	0.34%	1.21%	1.42%	4.18%
10~20		0.05%	0.23%	0.28%	0.34%	0.41%	0.46%	0.56%	0.90%	3.68%	3.95%	10.86%
20~30			0.07%	0.26%	0.32%	0.43%	0.52%	0.70%	1.16%	5.11%	5.07%	13.64%
30~40				0.09%	0.37%	0.47%	0.62%	0.89%	1.54%	7.09%	7.12%	18.19%
40~50					0.11%	0.44%	0.57%	0.85%	1.58%	7.68%	7.59%	18.81%
50~60						0.13%	0.46%	0.65%	1.21%	6.15%	6.31%	14.91%
60~70							0.12%	0.48%	0.75%	3.91%	4.50%	9.76%
70~80								0.13%	0.51%	2.21%	2.92%	5.78%
80~90									0.12%	1.03%	1.56%	2.71%
90~100										0.29%	0.87%	1.16%
总和	0.03%	0.19%	0.44%	0.79%	1.30%	2.06%	2.94%	4.46%	8.12%	38.36%	41.31%	100.00%

充电结束时电量区间(%)

图1-3 充电开始和结束时SOC区间的次数分布

10. 每次充电SOC变动情况(平均值50.75%,中位数52%)

表1-14反映了每次充电的变动情况,充电变动符合正态分布,单次充电变动50%~60%的行为占比最高,达到17.6%。

充电时SOC变动区间分布　　　　　　　　　　表1-14

充电时SOC变动区间(%)	充电次数占比(%)	充电时SOC变动区间(%)	充电次数占比(%)
0~10	3.3	50~60	17.6
10~20	5.7	60~70	15.4
20~30	8.8	70~80	10.8
30~40	12.5	80~90	7.3
40~50	16.2	90~100	2.4

11. 每次充电时长（平均值109min，中位数47min）

通过分析表1-15得出，在研究样本中，平均单次充电时长耗费109min，由于车辆充电快充和慢充差异巨大，可以发现中位数为47min。从分布上看，68%的充电行为不到60min，这比较符合运营车辆多采用快速公共充电的行为特征。

充电时长的次数分布　　　　　　　　　　表1-15

单次充电时长(min)	充电次数占比(%)	单次充电时长(min)	充电次数占比(%)
0~30	19.0	240~300	2.9
30~60	49.1	300~360	3.1
60~90	9.3	360~420	3.0
90~120	2.0	420~480	2.6
120~180	2.8	480以上	3.5
180~240	2.8		

12. 出行行为和充电行为的时间分布特征

图1-4为车辆每次出行及充电行为的时间分布特征，五角星为出行结束时刻曲线，可见车辆白天出行行为较为稳定。与之相对应的四角星曲线为车辆充电开始的时刻曲线，考虑到车辆一般在出行结束后进行充电，两曲线走势有一定的一致性。三角形曲线为充电行为结束曲线，可以发现充电曲线晚间有显著的滞后性，白天大致有1h的滞后性，这也和公共快速充电的平均时长相吻合。表1-16显示了车辆出行及充电行为在不同时段分布次数。

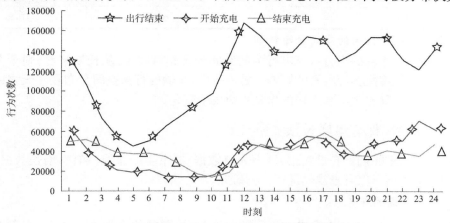

图1-4　车辆出行及充电行为不同时段分布次数曲线

车辆出行及充电行为不同时段分布次数　　　　　表1-16

时　间　段	出行结束(次)	开始充电(次)	结束充电(次)
0:00~1:00	133527	64034	49979
1:00~2:00	107956	44491	52018
2:00~3:00	74677	29752	45305
3:00~4:00	55071	21844	38971
4:00~5:00	45735	19192	36992
5:00~6:00	50673	20906	38128
6:00~7:00	64588	15235	34470
7:00~8:00	75061	13894	25948
8:00~9:00	87615	13734	17495
9:00~10:00	97614	15242	14108
10:00~11:00	133205	27795	18476
11:00~12:00	167852	47807	35740
12:00~13:00	155785	46424	46626
13:00~14:00	139085	41369	44396
14:00~15:00	139627	45331	41793
15:00~16:00	154790	55549	49952
16:00~17:00	151897	53256	58622
17:00~18:00	130802	39790	50274
18:00~19:00	138645	36803	35379
19:00~20:00	153569	46145	35209
20:00~21:00	153022	51020	41249
21:00~22:00	131978	50388	38873
22:00~23:00	122619	71130	35487
23:00~24:00	143607	61385	47026

13. 出行和充电行为的空间分布特征

从短期来看,车辆的出行和充电行为的空间分布相对固定,从长期来看,则会受到车辆总体规模、基础设施配套等因素的影响。另一方面,车辆的行为空间分布在一天之中不同时段也是不同的,会随着生活和工作的作息规律发生变化。

二、电动汽车保有量增长预测研究

利用电动汽车往期保有量数据、城市人口数据、城市生产总值(GDP)增长数据等,对未来中短期内电动汽车保有量规模进行预测研究。

(一)基础数据的准备

为预测2020—2025年上海电动汽车的保有量,主要收集上海人口数据、汽车保有量数据、GDP 数据等作为预测基础,表 1-17~表 1-19 显示了收集到的相关数据。

上海市历年汽车保有量数据 表 1-17

年份(年)	2011	2012	2013	2014	2015	2016	2017	2018	2019
常住人口(万人)	2347	2380	2415	2426	2415	2420	2418	2424	2428
汽车保有量(万辆)	194.96	212.86	235.10	255.19	282.32	322.94	361.02	393.42	413.86

(数据来源:上海市统计年鉴)

上海市历年汽车保有量弹性系数 表 1-18

年份(年)	2011	2012	2013	2014	2015	2016	2017	2018	2019
上海市生产总值(亿元)	20010	21306	23204	25270	26887	29887	32925	36012	38155
生产总值增速(%)	11.69	6.48	8.91	8.90	6.40	11.16	10.16	9.38	5.95
汽车保有量增速(%)	10.95	9.18	10.45	8.55	10.63	14.39	11.79	8.97	5.20
汽车保有量弹性系数	0.94	1.42	1.17	0.96	1.66	1.29	1.16	0.96	0.87

(数据来源:上海市统计年鉴)

上海市历年新能源汽车上牌量 表 1-19

年份(年)	2014	2015	2016	2017	2018	2019	2020
新能源汽车上牌量	11271	47446	45474	61354	73724	63149	121007
同比增速(%)	2089	321	-4	35	20	-14	92
上牌总量	338263	416182	532332	499826	503225	45892	526842
新增新能源车辆占所有类型车辆的比例(%)	3.3	11.4	8.55	12.3	14.6	13.8	23.0

(数据来源:上海市经济和信息化委员会)

(二)保有量增长预测模型的研究

1. 预测模型

(1)先是基于弹性系数预测法,然后利用比例法对电动汽车保有量进行预测,具体方法如下:

①汽车保有量增长率 = 生产总值增长率 × 弹性系数;

②汽车保有量 = (1 + 汽车保有增长率) × 前一年汽车保有量;

③电动汽车保有量 = 电动汽车占比 × 汽车保有量。

汽车保有量弹性系数可定义为汽车保有量对经济增长的反应程度,即汽车保有量增长率与地区生产总值增长率之比。而弹性系数预测法,即在对一个因素发展变化预测的基础上,通过弹性系数对另一因素的变化作出预测的一种间接预测方法。上海市生产总值增速与汽车保有量增速的对比如图 1-5 所示。

从上海市生产总值增速与汽车保有量增速的对比图看,两者保持相对一致的变动规律,汽车保有量弹性系数在 0.87~1.66 之间波动,近年出现了显著的下降,弹性系数小于 1,汽车增速低于生产总值增速。从 2015 年开始,5 年滚动弹性系数分别为 1.23、1.30、1.25、1.21、1.19,平均值为 1.234。

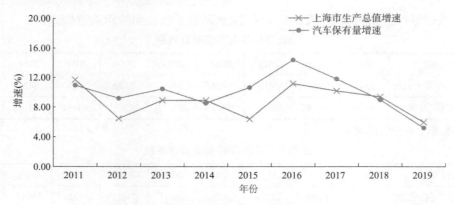

图1-5　上海市生产总值增速与汽车保有量增速的对比图

从国家层面看,《中共中央关于制定国民经济和社会发展第十四个五年规划和二〇三五年远景目标的建议》中指出:"促进汽车消费健康增长。完善促进汽车消费的政策,提高品质车型的市场份额,促进二手车市场发展,加大充电桩、停车场建设"。2021~2025年的电动汽车销售将整体保持稳定,但受限于复杂的国内外环境,以及国内经济增速的放缓,预计汽车的增速将会有所降低。另一方面,受疫情影响,2020年上海市实现全市生产总值38700亿元,同比增长1.7%,增速显著下滑,2021年的生产总值增长目标在6%以上。综合考虑,2021—2025年的生产总值平均增长率设定为6%,汽车保有量弹性系数设定为1.0。

(2)采用趋势预测分析法进行汽车销量预测,此方法是根据事物发展的连续性原理,应用数理统计方法将过去的历史资料按时间顺序排列,然后再运用一定的数字模型来预计、推测计划期销量的一种预测方法。

从2014—2020年上海市电动汽车的新增上牌量看(图1-6),电动汽车的增长具有显著的波动性,这主要是受到电动汽车补贴政策逐年退坡的影响。2019年上牌量显著降低,同比减少14%,这主要是受到宏观经济环境的影响;2020年上牌量同比增长92%,这主要是因为社会对电动汽车产品接受度显著提高,同时几款热门新产品又激活了市场需求,并叠加上海路权政策的调整。整体上看,上海市电动汽车市场保持稳中有升的发展态势,并受到政策、产品技术和市场环境的多重因素的显著影响。

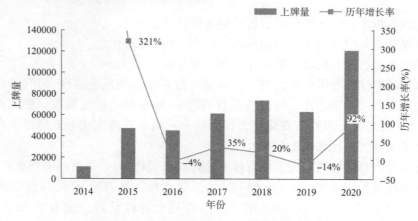

图1-6　2014—2020年上海市电动汽车的新增上牌量

另一方面,在《上海市加快电动汽车产业发展实施计划(2021—2025年)》中,上海市政府提出到2025年实现"个人新增购置车辆中纯电动汽车占比超过50%",这也为接下来的电动汽车的新增设定了一个目标。

2. 预测方法

电动汽车的保有量增长预测可以采用弹性系数法、千人汽车保有量法和BSAE模型测算法。

1) 弹性系数法

弹性系数法计算公式如下:

$$Q = Q_0(1+e\alpha)^{t-t_0} \tag{1-1}$$

式中:Q——预测年汽车保有量;

Q_0——基准年汽车保有量;

e——弹性系数;

α——GDP年增长率;

t——预测年;

t_0——基准年。

2) 千人汽车保有量法

千人汽车保有量法主要依据人口规模,人均汽车保有量水平来进行预测。

3) BASE模型测算法

BASE模型测算法计算公式如下:

$$AR(t) = \alpha P(t) + ciP(t)\frac{A}{N} + RP(t) \tag{1-2}$$

式中:AR——新增车辆;

α——广告效应;

P——潜在用户;

c——接触率;

i——购买因子;

ci——模仿系数;

A——已购用户;

N——总用户(潜在+已购)。

第二章 充电基础设施空间优化技术

本章从传统优化建模角度(包括点需求和流量需求两个角度)对电动汽车充电设施进行规划。

基于点需求角度主要介绍集合覆盖模型、最大覆盖模型和考虑强制封闭约束的最大覆盖模型。然后,基于上述模型从区域和区块两个角度对电动汽车充电桩选址进行规划,从区域层级将区域划分形成区块并研究各区块的建设规划,解决"如何建"的问题。当确定某区块规划建设设施时,进一步分析"怎么建""建在哪"。最后,以深圳市为应用场景对充电基础设施进行规划。

基于流量需求角度主要介绍基于流量需求的截流选址模型、流量捕获选址模型、考虑容量限制的流量捕获选址模型、考虑路径偏移的流量捕获选址模型以及一种灵活形式的流量捕获选址模型。另外,针对流量捕获选址模型及其拓展模型无法在短时间内有效处理大规模交通网络的问题,开发了一种在较短时间内解决大规模交通网络问题的算法,可以使得基于流量需求的模型能够在短时间内有效处理大规模网络问题。针对目前对城市真实充电设施建设情况进行评价的问题,开发了一种能够将真实充电设施映射到交通网络的算法,可以使得现实建设的情况与模型输出进行对比,从而能够对现实的建设提供一些指导。最后,以上海市嘉定区为应用场景,通过获取上海市嘉定区电动汽车 OD 流量、交通路网等信息,应用上述算法与模型,得到相应的充电基础设施布局结果,将模型输出结果与上海市嘉定区真实充电基础设施位置进行对比分析,进而评估上海市嘉定区充电设施建设情况。

第一节 基于点需求的电动汽车充电设施规划研究

一、国内外研究现状

集合覆盖模型是由 Toregas 和 Swain 提出的,用最少的设施点覆盖所有的充电需求点。最大覆盖模型是由 Church 和 Revelle 提出的,在给定响应距离和建设设施数量的情况下,能够最大化地覆盖需求数。鞠彦兵提出了一种基于模糊集的选址模型,计算各充电站点的相对灰色关联投影,用于评价和选择图像模糊环境下的最优站点。王梦建立了完全信息静态博弈模型,对电动汽车充电站选址方案进行比较,再采用原对偶路径跟踪算法进行求解。根据电动汽车的能量补充需求和快速充电站的服务半径来确定充电站的数量。Shukla A 采用 K 均值聚类和模糊 C 均值聚类的方法进行定位及定量分析,利用 Voronoi 图对每个充电站的服务区域进行划分,以减少电动汽车充电距离来减少社会成本。张洪财通过停车生成率模型进行停车需求预测,基于电动汽车驾驶、停放特性,提出了考虑时空分布的电动汽车充电负荷蒙特卡洛模拟预测方法。胡泽春提出基于动态分时电价的电动汽车充电站有序充电控制方法。该方法在综合考虑用户的充电需求和电网负荷水平的基础上,以削峰填谷为目标,采用启发式算法动态求解接入充电站电动汽车的分时电价时段,由用户自主响应,以实现充电站内电动汽车有序充电。陈文锋结合排队论模型,研究点需求模式下城区内充电站选址定容问题。借助期望模型,以最大容忍响应时间内系统所服务充电需求的期望值最大为目标函数,利用数值仿真实验进行灵敏度分析。刘志鹏以规划期内充电站的总成本和网损费用之和最小为目标构造优化模型,提出了一种将两步筛选法和原对偶内点法相结合的算法,两步筛选法通过考虑地理因素和服务半径来选址,利用改进的对偶内点法来对模型进行求解。

二、点需求模型介绍

(一)集合覆盖模型

集合覆盖模型最早是由美国康奈尔大学的 Constantine Toregas 和 Ralph Swain 教授等人于 1970 年提出的,适用于消防站、学校和图书馆等设施的规划选址问题。它将各个区域的需求集中于一个点上,在一定的响应距离内,用最少的设施覆盖所有的需求点。响应距离是指任何一个需求点都能在这样一个距离的路程内找到至少一个服务点。当然,上述的响应距离也可以用响应时间来代替。它有如下几个假设:

(1)假设用户需求可以表示为发生在有限数量的一组点上,服务设施潜在位置也是有限数量的一组点。

(2)假设任何用户需求点和服务设施潜在位置点的最小距离或者最小响应时间是已知的。

(3)假设用户需求点和服务设施潜在位置点构成相同的一组集合,这个假设不是必要的。集合覆盖模型如下:

$$\text{Minimize } Z = \sum_{j=1}^{j=n} x_j \quad (2-1)$$

$$s.t. \sum_{j \in N_i} x_j \geq 1 \quad (i=1,2,3,\cdots,n) \quad (2-2)$$

$$x_j = 0 \text{ 或 } 1 \quad (j=1,2,3,\cdots,n)$$

式中:N_i——在一定响应距离内能够为 i 点提供服务的设施点集合;

x_j——为 0 表示不在设施备选点 j 建设施,为 1 表示在设施备选点 j 建设施。

式(2-1)目标函数表示使建立的设施点数量最少,式(2-2)表示每一个需求点至少能被一个服务点服务。

(二)最大覆盖模型

最大覆盖模型是由约翰霍普金斯大学的 Richard Church 和 Charles Revelle 教授提出,集合覆盖模型没有考虑到各个需求点需求数,假设所有需求点的需求都是等价的,而最大覆盖模型考虑到了各个需求点需求的差异性,在给定响应距离和建设设施数量的情况下,能够最大化地覆盖需求数。最大覆盖模型给决策者这样一种取舍,例如建设 5 个设施可以覆盖 90% 的人口,而覆盖 100% 的人口可能需要 10 个设施,究竟建 5 个还是 10 个设施或者其他数量设施由决策者根据费用效益曲线决定。费用效益曲线由设施数量和覆盖百分比可以画出,最大覆盖模型如下:

$$\text{Maximize } Z = \sum_{i \in I} a_i y_i \qquad (2\text{-}3)$$

$$s.t. \sum_{j \in N_i} x_j \geq y_i, \forall i \in I \qquad (2\text{-}4)$$

$$\sum_{j \in J} x_j = P \qquad (2\text{-}5)$$

$$x_j = 0 \text{ 或 } 1, \forall j \in J$$

$$y_i = 0 \text{ 或 } 1, \forall i \in I$$

式中：I——需求点的点集合；

J——设施备选点的点集合；

N_i——在一定响应距离内能够为 i 点提供服务的设施点 j 集合；

a_i——需求点 i 被服务的人口数；

P——给定的设施数量；

x_j——为 0 表示不在设施备选点 j 建设施，为 1 表示在设施备选点 j 建设施；

y_i——为 0 表示在响应距离 S 内需求点 i 无法被充电设施覆盖到，为 1 表示在响应距离 S 内需求点 i 至少被一个充电设施覆盖到。

式(2-3)目标函数表示使覆盖到的总人口数最大；式(2-4)中，y_i 为 1，则需求点 i 至少被一个设施覆盖到，y_i 为 0，则需求点 i 也可能被其他设施备选点建的设施覆盖到；式(2-5)表示给定的总建设设施数目为 P 个。

（三）考虑强制封闭约束的最大覆盖模型

决策者的目标是用尽可能少的设施来覆盖尽可能多的人口，但是这样可能使得偏远地区的响应距离过远，所以，可以在最大覆盖模型的基础上添加一个类似集合覆盖的强制封闭约束，使得所有人都在这样的一个强制封闭距离 T 内被服务到，对偏远地区的人们更加公平，强制封闭约束如下：

$$\sum_{j \in M_i} x_j \geq 1, \forall i \in I \qquad (2\text{-}6)$$

$$x_j = 0 \text{ 或 } 1, \forall j \in J$$

$$y_i = 0 \text{ 或 } 1, \forall i \in I$$

式中：M_i——在一定强制封闭距离 T 内能够为 i 点提供服务的设施点集合。

考虑强制封闭约束的最大覆盖模型相比最大覆盖模型多了强制封闭约束的限制，式(2-6)表示每一个需求点在强制封闭距离 T 内至少能被一个服务点服务。

三、电动汽车充电需求分析

（一）区域电动汽车充电需求

通过对区域电动汽车保有量的预测，可以得到电动汽车的充电需求，最终转换成区域所需的充电桩数量。

首先，查询各个城市的机动车数量，根据城市特点推测该城市的电动汽车数量，一般情况下，电动汽车保有量约占汽车保有量的 10%。然后，将各种类型电动汽车（大型车、中型车、小型车）折算成标准电动小汽车。相互之间的换算比例依据充电容量进行确定，其中充电容量主要依据电池组的容量和数量。结合国内目前动力蓄电池的相关数据，一般大型车的电池组数量为10组，中型车的电池组数量为4组，小型车的电池组数量为2组。因此，大型电动汽车与电动小汽车的换算比例为5，中型电动汽车与电动小汽车的换算比例为2，得到某区域的标准电动小汽车数量。因为不同车辆对充换电站使用需求不同，假定大、中、小型电动汽车使用充换电站的概率分别为1、0.9、0.2，得到该区域某天使用充换电站的电动小汽车数量。

定义电动汽车充换电站总充电需求为变量X(单位为$kW \cdot h$)，则根据上述分析，电动汽车充换电站总充电需求应满足区域电动汽车用电总量的需求，因此，地区电动汽车每天的用电需求总量可表示为：

$$X = Q \times C \times N \tag{2-7}$$

$$N = L/S \tag{2-8}$$

式中：Q——区域内标准电动小汽车保有量；

C——平均每辆标准小汽车每次充电容量，约$42kW \cdot h$；

N——日均充电次数，为0.25；

L——每辆电动汽车日平均行驶里程，约为100km；

S——单次充电平均续驶里程，约为400km。

公共交流充电桩的功率按10kW考虑，交流充电桩在白天的周转次数较高，平均充电时间按2.5h考虑，间隔时间按0.5h考虑，服务次数为$18/(2.5+0.5)=6$次；交流充电桩在夜间的周转次数较少，服务次数按1次考虑，考虑某些充电桩不能够完全有效利用的情况，日均服务次数约为5次。由区域总的电动汽车每天用电需求量除以充电桩的平均充电量，可以得到该地区所需的充电桩数量。

(二)区块电动汽车充电需求系数

将研究区域进行区块划分，从区块属性特征、交通拥堵程度、经济发展情况三个方面对各区块的充电需求进行量化。区块划分的合理与否直接影响规划布点的准确程度。如果区块划分过大，就无法准确定位区块的属性特征，且区块面积过大时，包含道路较多，难以准确衡量其交通流情况；如果区块划分过小，则工作量很大，可以按照街道范围进行区块划分。充电需求系数由该区块的属性特征系数、交通拥堵系数及经济发展系数归一化后的加权平均运算求取。

1. 属性特征系数

区块的属性特征系数P_1用于反映区块特征对充电需求的影响，充电需求越高，则其值越大。P_1与区块内的标志性建筑有关，如住宅区、办公楼、学校、医院、大型商场、酒店、景区等。当某个区块拥有多个标志性建筑时，取所对应P_1值为最大的标志性建筑，不同区域的属性特征系数见表2-1。

不同区域的属性特征系数　　　　　　表2-1

标志性建筑	属性特征参数	标志性建筑	属性特征参数
居民小区	0.1	酒店	0.4
交通枢纽	1	体育场	0.5
办公楼	0.6	风景区	0.3
学校	0.2	娱乐建筑	0.3

续上表

标志性建筑	属性特征参数	标志性建筑	属性特征参数
医院	0.5	国际会展中心	0.3
大型商场	0.7	博物馆	0.3

2. 交通拥堵系数

根据国内城市交通拥堵指数平台数据,交通拥堵系数 P_2 取数个典型日交通拥堵系数最大值的平均值。

3. 经济发展系数

区块的经济发展系数 P_3 反映该区块的繁华程度和消费能力,也间接反映电动汽车用户的充电需求,P_3 值越大,充电需求越高。由于准确定义一个区块的经济发展水平是很难做到的,一般可以按该区块所属行政区划的人均 GDP 指标来表示。

因此,区块 i 的充电需求系数可以由式(2-9)表示:

$$P_i = a_1 \times P_{i1} + a_2 \times P_{i2} + a_3 \times P_{i3} \tag{2-9}$$

式中:P_{i1}——区块 i 的属性特征系数;

P_{i2}——区块 i 的交通拥堵系数;

P_{i3}——区块 i 的经济发展系数;

a_1、a_2、a_3——相应的权重系数,这些权重系数可由领域专家依据其知识和经验确定,并需满足 $a_1 + a_2 + a_3 = 1$,建议取 $a_1 = 0.4, a_2 = 0.5, a_3 = 0.1$。

四、以深圳市为场景的点需求模型应用

(一)深圳市层级的点需求模型应用

1. 深圳市充电设施备选点的选取

将深圳市按街道区块划分,得到 74 个充电设施备选点,一般选取该街道的商业购物中心或者交通运输枢纽等车流量大的区域作为该街道的充电设施备选点,74 个充电设施备选点见表2-2。

深圳市充电设施备选点　　　　表2-2

城区	序号	街道	经纬度(东经,北纬)	备选点名称
南山	1	南山街道	113.899174,22.50035	深圳市泛海城市广场购物中心
	2	南头街道	113.913816,22.533903	深圳西站
	3	西丽街道	113.959055,22.593101	深圳职业技术学院(西丽湖校区)
	4	沙河街道	113.980758,22.542799	世界之窗
	5	蛇口街道	113.934585,22.496193	蛇口汽车站
	6	招商街道	113.919439,22.48822	深圳市新时代广场
	7	粤海街道	113.962504,22.548006	华润·万象天地
	8	桃源街道	114.005946,22.604537	南方科技大学

续上表

城区	序号	街道	经纬度(东经,北纬)	备选点名称
龙岗	9	平湖街道	114.131432,22.698284	平湖站
	10	吉华街道	114.117244,22.62557	水径商业广场
	11	横岗街道	114.209921,22.648888	新马商贸城
	12	龙岗街道	114.252259,22.766554	深圳市红花岭工业区
	13	龙城街道	114.252795,22.703784	联亨商务大厦
	14	园山街道	114.232698,22.642914	万骏隆购物广场
	15	宝龙街道	114.322843,22.726931	深圳市同心大厦(龙岗区同心路71号)
	16	坪地街道	114.299487,22.785347	深圳国际低碳城会展中心
	17	布吉街道	114.126141,22.608184	深圳东站
	18	南湾街道	114.162758,22.641818	中国石化(丹排加油站)
	19	坂田街道	114.067128,22.645287	山海商业广场
福田	20	园岭街道	114.101239,22.561575	体育南社区公园
	21	南园街道	114.102374,22.542399	玉田社区
	22	福田街道	114.075776,22.535389	福田区联合广场
	23	沙头街道	114.033546,22.533937	福田区KKONE购物中心
	24	梅林街道	114.047588,22.57178	福田区家乐福(梅丽路36-2号)
	25	华富街道	114.077255,22.573852	福田区广仁大楼
	26	香蜜湖街道	114.019808,22.538687	福田汽车站
	27	莲花街道	114.063825,22.551343	深圳图书馆
	28	华强北街道	114.092601,22.548397	华强广场
	29	福保街道	114.056927,22.520158	益田中心广场
宝安	30	新安街道	113.89725,22.562933	华润万家(宏发领城店)
	31	西乡街道	113.888214,22.59643	西乡彩虹城
	32	航城街道	113.821705,22.638172	深圳宝安国际机场
	33	福永街道	113.83433,22.677077	深圳福永汽车站
	34	福海街道	113.809694,22.70633	易生园购物中心
	35	沙井街道	113.806653,22.735703	新沙天虹购物中心
	36	新桥街道	113.846506,22.740464	深圳市新桥医院
	37	松岗街道	113.854451,22.775959	星港城(松白路店)宝安区松白路7038号
	38	燕罗街道	113.866054,22.808521	燕景华庭
	39	石岩街道	113.954198,22.685677	星城购物中心
龙华	40	观湖街道	114.087992,22.698403	中国石化(环观加油站)
	41	民治街道	114.035529,22.615108	深圳北站

续上表

城区	序号	街道	经纬度(东经,北纬)	备选点名称
龙华	42	龙华街道	114.037142,22.676386	龙华汽车站
	43	大浪街道	114.001092,22.681352	大浪商业中心
	44	福城街道	114.040781,22.70473	金煌城商业广场
	45	观澜街道	114.066681,22.729583	首信广场
罗湖	46	桂园街道	114.113385,22.550444	KKMALL京基百纳空间
	47	黄贝街道	114.156378,22.559753	黄贝街道办事处
	48	东门街道	114.124622,22.554428	天虹商场(深圳东门店)
	49	南湖街道	114.123611,22.537961	深圳站
	50	笋岗街道	114.120565,22.571329	笋岗村
	51	东湖街道	114.184772,22.609477	充电有道(大望快充站)
	52	莲塘街道	114.185191,22.565109	中国石化加油站(莲塘站)
	53	东晓街道	114.142057,22.588162	航佳大厦
	54	翠竹街道	114.140519,22.57689	百仕达文化广场
	55	清水河街道	114.112862,22.584497	物资清水河加油站(红岗路)
光明	56	光明街道	113.95687,22.771209	光明公路站
	57	公明街道	113.8994,22.788344	天虹商场(公明店)
	58	新湖街道	113.959162,22.808504	中山大学(深圳校区)
	59	凤凰街道	113.927627,22.755134	光明区聚宝阁产业园
	60	玉塘街道	113.911892,22.726915	金叶工业城
	61	马田街道	113.901806,22.766093	万乐百货(上石家路店)
坪山	62	坑梓街道	114.379511,22.74996	金宜广场
	63	坪山街道	114.333626,22.713577	深圳坪山站
	64	龙田街道	114.36864,22.727096	广东深圳出口加工区
	65	石井街道	114.403965,22.708309	深圳技术大学
	66	碧岭街道	114.314303,22.681794	中国石油(金碧路店)
	67	马峦街道	114.348429,22.679763	马峦街道办事处
盐田	68	盐田街道	114.272213,22.589432	鹏广达广场
	69	梅沙街道	114.326282,22.605502	依威能源充电站(万科天琴湾)
	70	海山街道	114.243952,22.563106	盐田区人民政府
	71	沙头角街道	114.237976,22.555779	百佳乐商业城
大鹏新区	72	南澳街道	114.54462,22.561433	深圳市大鹏居里客栈
	73	大鹏街道	114.481129,22.600256	KPR佳兆业广场
	74	葵涌街道	114.427182,22.639547	葵涌综合市场(深圳市龙岗区葵新北路42号)

2. 深圳市充电需求和区块充电系数的确定

首先,根据街道的属性特征系数,通过百度地图寻找区块街道内的标志性建筑,当区块内有多个标志性建筑时,选取所对应 P_1 值最大的标志性建筑作为该街道的标志性建筑;其次,通过深圳市道路交通运行指数系统中街道片区的交通指数得知交通拥堵指数,选取周一早高峰 8:30 左右和周五晚高峰 17:30 左右的交通指数平均值作为深圳市某街道的交通拥堵指数;最后,根据各个区的 GDP 和常住人口可以得到人均 GDP 作为经济发展系数。

各街道的充电需求系数可以由式(2-9)得到,见表 2-3。

各街道的充电需求系数 表 2-3

街道	权重 a_1	属性特征系数	权重 a_2	交通拥堵系数	权重 a_3	人均 GDP	需求系数
南山街道	0.4	0.026809651	0.5	0.016570605	0.1	0.022746197	0.021283783
南头街道	0.4	0.013404826	0.5	0.019092219	0.1	0.022746197	0.01718266
西丽街道	0.4	0.00536193	0.5	0.017291066	0.1	0.022746197	0.013064925
沙河街道	0.4	0.008042895	0.5	0.027017291	0.1	0.022746197	0.019000423
蛇口街道	0.4	0.002680965	0.5	0.009005764	0.1	0.022746197	0.007849888
招商街道	0.4	0.008042895	0.5	0.011527378	0.1	0.022746197	0.011255467
粤海街道	0.4	0.018766756	0.5	0.024495677	0.1	0.022746197	0.022029161
桃源街道	0.4	0.00536193	0.5	0.023775216	0.1	0.022746197	0.016307
平湖街道	0.4	0.026809651	0.5	0.009005764	0.1	0.012185463	0.016445289
吉华街道	0.4	0.008042895	0.5	0.009005764	0.1	0.012185463	0.008938586
横岗街道	0.4	0.016085791	0.5	0.011527378	0.1	0.012185463	0.013416551
龙岗街道	0.4	0.008042895	0.5	0.010806916	0.1	0.012185463	0.009839163
龙城街道	0.4	0.018766756	0.5	0.008285303	0.1	0.012185463	0.0128679
园山街道	0.4	0.026809651	0.5	0.007925072	0.1	0.012185463	0.015904943
宝龙街道	0.4	0.016085791	0.5	0.007925072	0.1	0.012185463	0.011615399
坪地街道	0.4	0.002680965	0.5	0.005043228	0.1	0.012185463	0.004812546
布吉街道	0.4	0.026809651	0.5	0.012608069	0.1	0.012185463	0.018246441
南湾街道	0.4	0.013404826	0.5	0.0129683	0.1	0.012185463	0.013064626
坂田街道	0.4	0.008042895	0.5	0.018011527	0.1	0.012185463	0.013441468
园岭街道	0.4	0.013404826	0.5	0.03314121	0.1	0.016653466	0.023597882
南园街道	0.4	0.016085791	0.5	0.036023055	0.1	0.016653466	0.02611119
福田街道	0.4	0.026809651	0.5	0.021613833	0.1	0.016653466	0.023196124
沙头街道	0.4	0.018766756	0.5	0.023414986	0.1	0.016653466	0.020879542
梅林街道	0.4	0.008042895	0.5	0.028458213	0.1	0.016653466	0.019111611
华富街道	0.4	0.016085791	0.5	0.036023055	0.1	0.016653466	0.02611119
香蜜湖街道	0.4	0.010723861	0.5	0.025216138	0.1	0.016653466	0.01856296

续上表

街道	权重 a_1	属性特征系数	权重 a_2	交通拥堵系数	权重 a_3	人均GDP	需求系数
莲花街道	0.4	0.026809651	0.5	0.024855908	0.1	0.016653466	0.024817161
华强北街道	0.4	0.016085791	0.5	0.029178674	0.1	0.016653466	0.022689
福保街道	0.4	0.026809651	0.5	0.011167147	0.1	0.016653466	0.017972781
新安街道	0.4	0.016085791	0.5	0.014048991	0.1	0.007507599	0.014209572
西乡街道	0.4	0.018766756	0.5	0.014048991	0.1	0.007507599	0.015281958
航城街道	0.4	0.026809651	0.5	0.00684438	0.1	0.007507599	0.014896811
福永街道	0.4	0.008042895	0.5	0.007564841	0.1	0.007507599	0.007750339
福海街道	0.4	0.008042895	0.5	0.010086455	0.1	0.007507599	0.009011146
沙井街道	0.4	0.018766756	0.5	0.010446686	0.1	0.007507599	0.013480805
新桥街道	0.4	0.016085791	0.5	0.007925072	0.1	0.007507599	0.011147612
松岗街道	0.4	0.016085791	0.5	0.010806916	0.1	0.007507599	0.012588534
燕罗街道	0.4	0.002680965	0.5	0.009365994	0.1	0.007507599	0.006506143
石岩街道	0.4	0.008042895	0.5	0.014409222	0.1	0.007507599	0.011172529
观湖街道	0.4	0.00536193	0.5	0.0129683	0.1	0.009721291	0.009601051
民治街道	0.4	0.026809651	0.5	0.012247839	0.1	0.009721291	0.017819909
龙华街道	0.4	0.018766756	0.5	0.016570605	0.1	0.009721291	0.016764134
大浪街道	0.4	0.008042895	0.5	0.013688761	0.1	0.009721291	0.011033668
福城街道	0.4	0.008042895	0.5	0.015129683	0.1	0.009721291	0.011754129
观澜街道	0.4	0.016085791	0.5	0.010806916	0.1	0.009721291	0.012809904
桂园街道	0.4	0.018766756	0.5	0.020533141	0.1	0.014669943	0.019240267
黄贝街道	0.4	0.002680965	0.5	0.01981268	0.1	0.014669943	0.01244572
东门街道	0.4	0.016085791	0.5	0.012608069	0.1	0.014669943	0.014205345
南湖街道	0.4	0.026809651	0.5	0.014048991	0.1	0.014669943	0.019215351
笋岗街道	0.4	0.008042895	0.5	0.007564841	0.1	0.014669943	0.008466573
东湖街道	0.4	0.008042895	0.5	0.014409222	0.1	0.014669943	0.011888763
莲塘街道	0.4	0.008042895	0.5	0.007925072	0.1	0.014669943	0.008646689
东晓街道	0.4	0.008042895	0.5	0.032060519	0.1	0.014669943	0.020714412
翠竹街道	0.4	0.013404826	0.5	0.015489914	0.1	0.014669943	0.014573881
清水河街道	0.4	0.008042895	0.5	0.015129683	0.1	0.014669943	0.012248994
光明街道	0.4	0.026809651	0.5	0.009726225	0.1	0.00997177	0.01658415
公明街道	0.4	0.002680965	0.5	0.010446686	0.1	0.00997177	0.007292906
新湖街道	0.4	0.002680965	0.5	0.011527378	0.1	0.00997177	0.007833252
凤凰街道	0.4	0.016085791	0.5	0.007204611	0.1	0.00997177	0.011033799

续上表

街道	权重 a_1	属性特征系数	权重 a_2	交通拥堵系数	权重 a_3	人均GDP	需求系数
玉塘街道	0.4	0.002680965	0.5	0.007925072	0.1	0.00997177	0.006032099
马田街道	0.4	0.008042895	0.5	0.010086455	0.1	0.00997177	0.009257563
坑梓街道	0.4	0.013404826	0.5	0.003602305	0.1	0.010641971	0.00822728
坪山街道	0.4	0.026809651	0.5	0.006123919	0.1	0.010641971	0.014850017
龙田街道	0.4	0.008042895	0.5	0.005403458	0.1	0.010641971	0.006983084
石井街道	0.4	0.00536193	0.5	0.002881844	0.1	0.010641971	0.004649891
碧岭街道	0.4	0.008042895	0.5	0.000720461	0.1	0.010641971	0.004641586
马峦街道	0.4	0.008042895	0.5	0.010446686	0.1	0.010641971	0.009504698
盐田街道	0.4	0.026809651	0.5	0.003602305	0.1	0.017079957	0.014233009
梅沙街道	0.4	0.008042895	0.5	0.012608069	0.1	0.017079957	0.011229188
海山街道	0.4	0.013404826	0.5	0.007925072	0.1	0.017079957	0.011032462
沙头角街道	0.4	0.010723861	0.5	0.003962536	0.1	0.017079957	0.007978808
南澳街道	0.4	0.008042895	0.5	0.001440922	0.1	0.015116744	0.005449294
大鹏街道	0.4	0.016085791	0.5	0.001440922	0.1	0.015116744	0.008666452
葵涌街道	0.4	0.008042895	0.5	0.005403458	0.1	0.015116744	0.007430562

相关数据显示,截至2020年5月,深圳市汽车保有量为3304416辆,根据深圳市电动汽车保有量约占汽车保有量的10%计算可得,深圳市约有电动汽车330442辆,再根据大、中、小型车比例1:1.5:12,计算可得深圳市标准电动小汽车数量见表2-4。

深圳市标准电动小汽车数量 表2-4

类型	换算系数	保有量	换算成标准电动小汽车数量
大型车	5	22789	113945
中型车	2	34184	68368
小型车	1	273469	273469
合计	—	330442	455782

根据公式可计算深圳市每天的电动汽车充电需求为4785711kW·h,再由每个充电桩平均每天能充50kW·h电量可计算出,深圳市所需充电桩约为95714个。再由各个街道的充电需求系数相乘,可以得到各个街道的充电桩需求量。

3. 深圳市层级的集合覆盖模型求解

用java语言调用cplex求解器求解集合覆盖模型,输入为各个点坐标和响应距离,其中,需求点与需求点之间的距离为百度地图上测得的真实驾车距离,并且取驾车往返之中的最大距离,可以用百度地图api计算求得,相比于用各个点之间直线距离,百度地图真实行车距离更能够反映出实际状况,当响应距离设定为5km且用各个需求点之间的直线距离作为各个需求点之间最短距离时,只需要26个充电设施点就能够覆盖深圳市的所有需求点,而同样的响应距离,当用百度地图真实行车距离作为各个点之间的最短距离时,需要49个充电设施点才能够覆盖深圳市的所有需求点。改变响应距离,得到覆盖所有需求点最少充电桩数量见2-5,绘制相应的响应距离与充电设施选址点数量关系图如图2-1所示。

响应距离与充电设施选址点数量关系　　　　　　　　表2-5

响应距离(m)	充电设施选址点数量(个)	响应距离(m)	充电设施选址点数量(个)
60000	1	11000	17
40000	2	10000	17
35000	3	9000	21
30000	3	8000	26
25000	4	7000	30
20000	6	6000	41
18000	7	5000	49
17000	7	4000	61
16000	8	3000	70
15000	9	2000	73
14000	11	1800	73
13000	12	1500	74
12000	14	—	—

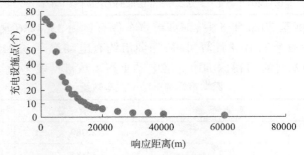

图2-1　响应距离与充电设施选址点数量关系图

当响应距离为5km时,需要49个充电设施选址点覆盖100%需求,充电设施选址以及覆盖情况见表2-6。

距离为5km时充电设施选址以及覆盖情况　　　　　　　　表2-6

序　号	充电设施选址点	覆　盖　点	序　号	充电设施选址点	覆　盖　点
1	1	1,2	8	13	13
2	3	3	9	14	11,14
3	4	4,7	10	15	15,63
4	6	5,6	11	16	16
5	8	8	12	17	10,17,53,55
6	9	9	13	18	18
7	12	12	14	19	19

续上表

序　号	充电设施选址点	覆　盖　点	序　号	充电设施选址点	覆　盖　点
15	23	23,26,29	33	52	52
16	27	22,24,25,27,28	34	54	47,50,53,54
17	30	30	35	56	56
18	31	31	36	58	58
19	32	32	37	60	60
20	33	33	38	61	57,59,61
21	34	34,35	39	62	62
22	36	36	40	64	64
23	37	37	41	65	65
24	38	38	42	66	66
25	39	39	43	67	67
26	40	40	44	68	68
27	41	41	45	69	69
28	42	42	46	70	70,71
29	43	43	47	72	72
30	45	44,45	48	73	73
31	46	20,21,28,46,48,49,50,55	49	74	74
32	51	51	—	—	—

4. 深圳市层级的最大覆盖模型求解

用 java 语言调用 cplex 求解最大覆盖模型，相比于求解集合覆盖模型，多了对各个需求点需求量的刻画。当响应距离为 5km，在 15 个需求点建充电设施，能够覆盖深圳市 63.72% 的充电需求，相应的充电设施选址点以及覆盖情况见表 2-7。

给定 15 个充电设施选址点的选址以及覆盖情况　　　　表 2-7

序　号	充电设施选址点序号	覆　盖　点
1	2	1,2
2	6	5,6
3	7	4,7
4	14	11,14
5	15	15,63
6	17	10,17,53,55
7	23	23,26,29
8	27	22,24,25,27,28

续上表

序号	充电设施选址点序号	覆盖点
9	34	34,35
10	41	41
11	45	44,45
12	46	20,21,28,46,48,49,50,55
13	47	47,54
14	61	57,59,61
15	70	70,71

深圳市的总充电需求数为95714,按上述设施建设情况,能够覆盖60990个充电需求,未覆盖34724个充电需求数,未被覆盖的充电需求点序号为:3,8,9,12,13,16,18,19,30,31,32,33,36,37,38,39,40,42,43,51,52,56,58,60,62,64,65,66,67,68,69,72,73,74。

当响应距离为5km时,给定充电设施选址点个数与覆盖率关系见表2-8。

充电设施选址点个数与覆盖率关系　　　　　　　表2-8

充电设施选址点个数(个)	覆盖率(%)	充电设施选址点个数(个)	覆盖率(%)
1	14.58	20	71.86
2	23.90	22	74.77
4	35.00	24	77.54
6	42.95	25	78.85
8	48.64	28	82.70
10	53.74	30	85.01
12	58.13	35	90.29
14	61.94	40	94.59
15	63.72	45	98.04
16	65.40	48	99.54
18	68.70	49	100

当响应距离为5km时,给定充电设施个数与充电设施最大覆盖率关系图如图2-2所示。

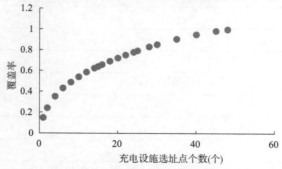

图2-2　给定充电设施选址点个数与最大覆盖率关系图

5. 深圳市层级的带强制封闭约束的最大覆盖模型求解

由集合覆盖模型可知,当响应距离为 12km 时,至少需要 14 个充电设施选址点能够覆盖深圳市 100%的充电需求,那么当强制封闭距离为 12km 时,此时响应距离仍为 5km,在 15 个需求点建充电设施,在响应距离为 5km 内,能够覆盖深圳市 54.34%的充电需求,充电设施选址点情况和覆盖情况见表 2-9,相比于不考虑强制封闭距离的最大覆盖模型,在响应距离 5km 内,降低了 9.38%的覆盖率。

考虑强制封闭约束的充电设施建设以及覆盖情况　　　　　表 2-9

序号	充电设施选址点	响应距离为 5km 覆盖点	响应距离为 12km 覆盖点
1	1	1,2	1,2,5,6,30
2	7	4,7	2,3,4,5,6,7,8,26,30
3	12	12	12,13,15,16
4	17	10,17,53,55	10,11,17,18,19,20,21,25,28,46,47,48,49,50,51,53,54,55
5	27	22,24,25,27,28	4,20,21,22,23,24,25,26,27,28,29,41,46,48,49,50,54,55
6	31	31	30,31,32
7	34	34,35	33,34,35,36
8	39	39	39,43,60
9	45	44,45	9,40,42,44,45
10	46	20,21,28,46,48,49,50,55	10,17,20,21,22,24,25,27,28,29,46,47,48,49,50,52,53,54,55
11	56	56	56,57,58,60,61
12	61	57,59,61	36,37,38,56,57,59,60,61
13	63	15,63	13,15,62,63,64,65,66,67
14	68	68	14,68,69,70,71
15	73	73	72,73,74

当给定 15 个充电设施建设点时,考虑强制封闭距离的覆盖率与不考虑强制封闭距离的覆盖率相比较的降低值见表 2-10。

考虑强制封闭距离与不考虑强制封闭距离覆盖率关系　　　　　表 2-10

强制封闭距离(m)	考虑强制封闭距离,响应距离为 5km 的覆盖率(%)	不考虑强制封闭距离,响应距离为 5km 的覆盖率(%)	覆盖率降低值(%)
12000	54.34	63.72	9.38
12500	56.78	63.72	6.94
13000	58.96	63.72	4.76
13500	58.96	63.72	4.76

续上表

强制封闭距离(m)	考虑强制封闭距离,响应距离为5km的覆盖率(%)	不考虑强制封闭距离,响应距离为5km的覆盖率(%)	覆盖率降低值(%)
14000	59.53	63.72	4.19
14500	61.95	63.72	1.77%
15000	61.95	63.72	1.77
15500	61.95	63.72	1.77
16000	62.43	63.72	1.29
16500	62.43	63.72	1.29
17000	62.82	63.72	0.91
18000	62.82	63.72	0.91
40000	63.72	63.72	0

当然,也可以根据带强制封闭约束的最大覆盖模型来对集合覆盖模型进行进一步的改善,例如上述集合覆盖模型中,当响应距离为5km时,需要49个充电设施选址点来覆盖100%的需要,可以令强制封闭距离为5km,仍给定49个充电设施选址点,让更多的充电需求更靠近充电设施点,例如当响应距离为3km时,覆盖率为66.64%,而在集合覆盖模型的建设情况下,当响应距离为3km时,覆盖率为65.57%。

当响应距离变化时,一系列的覆盖率变化见表2-11。从表2-11可以看出,用带强制封闭约束的最大覆盖模型求解集合覆盖模型时,总是能够让更多的人靠近设施建设点。

集合覆盖模型和考虑强制封闭约束的最大覆盖模型求解对比　　　表2-11

更小响应距离(m)	在响应距离5km集合覆盖建设情况下的覆盖率(%)	考虑强制封闭约束为5km,给定49个充电设施选址点覆盖率(%)
5000	100	100
4500	88.25	88.58
4000	78.87	79.63
3500	76.66	77.73
3000	65.57	66.64
2500	61.54	62.61
2000	60.75	61.82
1500	59.95	61.03
1000	59.95	61.03
500	59.95	61.03

表2-11第二列为在响应距离为5km情况下,用集合覆盖模型来解决设施建设问题,这样可得出该种设施建设情况,在这种设施建设情况下,计算更小的响应距离为4.5km和4km等覆盖建设情况下的覆盖率。表2-11第三列为用考虑强制封闭约束的最大覆盖模型来解决设施建设问题,考虑强制封闭约束为5km,给定49个充电设施备选点,分别计算响应距离

为 4.5km 和 4km 等的覆盖率情况。通过第二列与第三列进行对比发现,在相同的更小响应距离情况下,考虑强制封闭约束的最大覆盖模型中更小的响应距离覆盖率总是大于等于集合覆盖模型中更小的响应距离覆盖率。

(二)南山街道层级的点需求模型应用

1. 南山街道充电设施备选点的选取

选取南山街道一些典型车流量大的区域的枢纽中心以及停车场作为充电设施备选点,选取的 63 个充电设施备选点见表 2-12。

南山街道充电桩设施备选点　　　　表 2-12

备选点序号	备选点名称	经纬度(东经,北纬)
1	深圳友联船厂码头停车场	113.875654,22.51174
2	合盛和停车场出入口	113.878896,22.51489
3	智诚加气站	113.87596,22.517768
4	顺通力停车场	113.883259,22.514631
5	前湾停车场	113.88197,22.517744
6	前海伟荣停车场(坤轮轮胎店)	113.883195,22.522354
7	永庆停车场	113.885703,22.516361
8	中国石化(妈湾大道油料分发站)	113.878295,22.506678
9	充电易科技充电站(前海海运中心站)	113.887393,22.5069
10	深圳市精工坊粮食有限责任公司停车场	113.890604,22.502449
11	周记汽车服务有限公司	113.883211,22.495689
12	佳兆业前海广场停车场出入口	113.893415,22.499995
13	南山区便民公益停车场	113.894109,22.500099
14	兴海湾肉菜市场地上停车场出入口	113.896932,22.50083
15	停车场(港湾生活小区西北)	113.892875,22.488222
16	山语海苑停车场	113.898814,22.490066
17	月亮湾花园停车场	113.898482,22.49819
18	荔山工业园停车场	113.900154,22.498195
19	泛海城市广场	113.899811,22.502
20	中国海油月亮湾加油站	113.897692,22.505124
21	恒裕紫园停车场	113.903322,22.502308
22	泛海·拉菲花园停车场	113.901745,22.505697
23	颐湾府展示中心停车场	113.899866,22.509362
24	中海阳光玫瑰园停车场	113.903696,22.50887
25	深圳大学师范学院附属中学停车场	113.904877,22.510814
26	中国石化加油站(月亮湾大道站)	113.905875,22.515044

续上表

备选点序号	备选点名称	经纬度（东经,北纬）
27	新星停车场	113.896968,22.515204
28	前海湾花园二期停车场	113.892757,22.515327
29	前海湾花园3期地下停车场	113.893137,22.517257
30	万众停车场	113.887004,22.52148
31	停车场(前湾一路)	113.901864,22.530549
32	鲤鱼门西街公共地面停车场	113.906617,22.522868
33	前海深港合作区停车场出入口	113.909337,22.521104
34	南方电网充电站(诺德假日花园)	113.909555,22.516973
35	雷圳·碧榕湾海景花园停车场	113.911943,22.517878
36	山海翠庐停车场	113.912253,22.515262
37	山居岁月家园停车场	113.915969,22.514427
38	城市山林停车场	113.922555,22.517382
39	万科前海企业公馆西区停车场	113.909109,22.524382
40	鼎太风华璞真园地下停车场出入口	113.919618,22.525386
41	鼎太风华南区南停车场出入口	113.917578,22.52293
42	鼎太风华七期地下停车场出入口	113.913897,22.521213
43	理家购物商场	113.916993,22.52012
44	南山村停车场	113.918381,22.521846
45	北头村三坊	113.922152,22.526547
46	福海苑停车场出入口	113.923406,22.527813
47	北头豪苑停车场	113.925133,22.52643
48	东俊京城物业新南村停车场	113.928294,22.527402
49	深圳市向平汽车维修服务有限公司停车场	113.92435,22.520569
50	鸿瑞花园停车场	113.933712,22.527924
51	东华园地上停车场出入口	113.935411,22.526598
52	海昌阁停车场出入口	113.932455,22.524277
53	新能源大厦停车场	113.932723,22.522122
54	特来电充电站(深圳公园一号广场)	113.932074,22.520622
55	深圳来福士广场停车场	113.932626,22.518054
56	恒裕中心地面一层停车场出入口	113.931018,22.516874
57	四达大厦地下停车场	113.931547,22.515914
58	泰力时装城停车场	113.929663,22.515251
59	荔秀服饰文化街区停车场	113.929364,22.513957

续上表

备选点序号	备选点名称	经纬度(东经,北纬)
60	南油第一工业区停车场	113.928121,22.512401
61	南粤山庄停车场	113.923543,22.512834
62	高山花园停车场	113.922618,22.507633
63	花样年·美年广场	113.927285,22.508829

2. 南山街道充电需求和区块充电系数的确定

首先,通过百度地图寻找各个备选点附近的标志性建筑,当有多个标志性建筑时选取所对应 P_1 值最大的标志性建筑作为该备选点的标志性建筑;其次,交通拥堵指数通过深圳市道路交通运行指数系统中的街道片区的交通指数得知,选取周一早高峰 8:30 左右和周五晚高峰 17:30 左右的南山街道交通指数平均值作为该街道所有备选点的交通拥堵指数;最后,各个设施备选点的经济发展系数为南山街道人均 GDP。南山街道各个备选点的充电需求系数见表 2-13。

南山街道各备选点的充电需求系数　　　　表 2-13

设施备选点	权重 a_1	属性特征系数	权重 a_2	交通拥堵系数	权重 a_3	人均 GDP	需求系数
深圳友联船厂码头停车场	0.4	0.012765957	0.5	0.015873016	0.1	0.015873016	0.014630193
合盛和停车场出入口	0.4	0.012765957	0.5	0.015873016	0.1	0.015873016	0.014630193
智诚加气站	0.4	0.012765957	0.5	0.015873016	0.1	0.015873016	0.014630193
顺通力停车场	0.4	0.012765957	0.5	0.015873016	0.1	0.015873016	0.014630193
前湾停车场	0.4	0.012765957	0.5	0.015873016	0.1	0.015873016	0.014630193
前海伟荣停车场(坤轮轮胎店)	0.4	0.012765957	0.5	0.015873016	0.1	0.015873016	0.014630193
永庆停车场	0.4	0.012765957	0.5	0.015873016	0.1	0.015873016	0.014630193
中国石化(妈湾大道油料分发站)	0.4	0.021276596	0.5	0.015873016	0.1	0.015873016	0.018034448
充电易科技充电站(前海海运中心站)	0.4	0.025531915	0.5	0.015873016	0.1	0.015873016	0.019736575
深圳市精工坊粮食有限责任公司停车场	0.4	0.029787234	0.5	0.015873016	0.1	0.015873016	0.021438703
周记汽车服务有限公司	0.4	0.042553191	0.5	0.015873016	0.1	0.015873016	0.026545086
佳兆业前海广场停车场出入口	0.4	0.029787234	0.5	0.015873016	0.1	0.015873016	0.021438703
南山区便民公益停车场	0.4	0.029787234	0.5	0.015873016	0.1	0.015873016	0.021438703
兴海湾肉菜市场地上停车场出入口	0.4	0.012765957	0.5	0.015873016	0.1	0.015873016	0.014630193
停车场(港湾生活小区西北)	0.4	0.004255319	0.5	0.015873016	0.1	0.015873016	0.011225937
山语海苑停车场	0.4	0.008510638	0.5	0.015873016	0.1	0.015873016	0.012928065
月亮湾花园停车场	0.4	0.004255319	0.5	0.015873016	0.1	0.015873016	0.011225937
荔山工业园停车场	0.4	0.029787234	0.5	0.015873016	0.1	0.015873016	0.021438703

续上表

设施备选点	权重 a_1	属性特征系数	权重 a_2	交通拥堵系数	权重 a_3	人均GDP	需求系数
泛海城市广场	0.4	0.029787234	0.5	0.015873016	0.1	0.015873016	0.021438703
中国海油月亮湾加油站	0.4	0.008510638	0.5	0.015873016	0.1	0.015873016	0.012928065
恒裕紫园停车场	0.4	0.004255319	0.5	0.015873016	0.1	0.015873016	0.011225937
泛海·拉菲花园停车场	0.4	0.004255319	0.5	0.015873016	0.1	0.015873016	0.011225937
颐湾府展示中心停车场	0.4	0.004255319	0.5	0.015873016	0.1	0.015873016	0.011225937
中海阳光玫瑰园停车场	0.4	0.012765957	0.5	0.015873016	0.1	0.015873016	0.014630193
深圳大学师范学院附属中学停车场	0.4	0.012765957	0.5	0.015873016	0.1	0.015873016	0.014630193
中国石化加油站(月亮湾大道站)	0.4	0.012765957	0.5	0.015873016	0.1	0.015873016	0.014630193
新星停车场	0.4	0.004255319	0.5	0.015873016	0.1	0.015873016	0.011225937
前海湾花园二期停车场	0.4	0.004255319	0.5	0.015873016	0.1	0.015873016	0.011225937
前海湾花园3期地下停车场	0.4	0.004255319	0.5	0.015873016	0.1	0.015873016	0.011225937
万众停车场	0.4	0.004255319	0.5	0.015873016	0.1	0.015873016	0.011225937
停车场(前湾一路)	0.4	0.012765957	0.5	0.015873016	0.1	0.015873016	0.014630193
鲤鱼门西街公共地面停车场	0.4	0.025531915	0.5	0.015873016	0.1	0.015873016	0.019736575
前海深港合作区停车场出入口	0.4	0.012765957	0.5	0.015873016	0.1	0.015873016	0.014630193
南方电网充电站(诺德假日花园)	0.4	0.021276596	0.5	0.015873016	0.1	0.015873016	0.018034448
雷圳·碧榕湾海景花园停车场	0.4	0.008510638	0.5	0.015873016	0.1	0.015873016	0.012928065
山海翠庐停车场	0.4	0.008510638	0.5	0.015873016	0.1	0.015873016	0.012928065
山居岁月家园停车场	0.4	0.004255319	0.5	0.015873016	0.1	0.015873016	0.011225937
城市山林停车场	0.4	0.029787234	0.5	0.015873016	0.1	0.015873016	0.021438703
万科前海企业公馆西区停车场	0.4	0.012765957	0.5	0.015873016	0.1	0.015873016	0.014630193
鼎太风华璞真园地下停车场出入口	0.4	0.004255319	0.5	0.015873016	0.1	0.015873016	0.011225937
鼎太风华南区南停车场出入口	0.4	0.004255319	0.5	0.015873016	0.1	0.015873016	0.011225937
鼎太风华七期地下停车场出入口	0.4	0.004255319	0.5	0.015873016	0.1	0.015873016	0.011225937
理家购物商场	0.4	0.029787234	0.5	0.015873016	0.1	0.015873016	0.021438703
南山村停车场	0.4	0.012765957	0.5	0.015873016	0.1	0.015873016	0.014630193
北头村三坊	0.4	0.012765957	0.5	0.015873016	0.1	0.015873016	0.014630193
福海苑停车场出入口	0.4	0.008510638	0.5	0.015873016	0.1	0.015873016	0.012928065
北头豪苑停车场	0.4	0.008510638	0.5	0.015873016	0.1	0.015873016	0.012928065
东俊京城物业新南村停车场	0.4	0.025531915	0.5	0.015873016	0.1	0.015873016	0.019736575
深圳市向平汽车维修服务有限公司停车场	0.4	0.025531915	0.5	0.015873016	0.1	0.015873016	0.019736575

续上表

设施备选点	权重 a_1	属性特征系数	权重 a_2	交通拥堵系数	权重 a_3	人均GDP	需求系数
鸿瑞花园停车场	0.4	0.004255319	0.5	0.015873016	0.1	0.015873016	0.011225937
东华园地上停车场出入口	0.4	0.025531915	0.5	0.015873016	0.1	0.015873016	0.019736575
海昌阁停车场出入口	0.4	0.008510638	0.5	0.015873016	0.1	0.015873016	0.012928065
新能源大厦停车场	0.4	0.025531915	0.5	0.015873016	0.1	0.015873016	0.019736575
特来电充电站(深圳公园一号广场)	0.4	0.029787234	0.5	0.015873016	0.1	0.015873016	0.021438703
深圳来福士广场停车场	0.4	0.029787234	0.5	0.015873016	0.1	0.015873016	0.021438703
恒裕中心地面一层停车场出入口	0.4	0.025531915	0.5	0.015873016	0.1	0.015873016	0.019736575
四达大厦地下停车场	0.4	0.025531915	0.5	0.015873016	0.1	0.015873016	0.019736575
泰力时装城停车场	0.4	0.025531915	0.5	0.015873016	0.1	0.015873016	0.019736575
荔秀服饰文化街区停车场	0.4	0.029787234	0.5	0.015873016	0.1	0.015873016	0.021438703
南油第一工业区停车场	0.4	0.025531915	0.5	0.015873016	0.1	0.015873016	0.019736575
南粤山庄停车场	0.4	0.004255319	0.5	0.015873016	0.1	0.015873016	0.011225937
高山花园停车场	0.4	0.004255319	0.5	0.015873016	0.1	0.015873016	0.011225937
花样年·美年广场	0.4	0.029787234	0.5	0.015873016	0.1	0.015873016	0.021438703

由深圳市的电动汽车充电桩数量与南山街道需求系数相乘,得到南山街道充电桩需求数量为2037个,再由南山街道的充电桩数量与各个需求点的充电需求系数相乘,得到各个需求点的充电桩数量。

3. 南山街道层级的集合覆盖模型求解

用java语言调用cplex求解器求解集合覆盖模型,输入为各个点坐标和响应距离,其中需求点与需求点之间的距离为百度地图上测得的真实驾车距离,并且取驾车往返之中的最大距离,可以用百度地图api计算求得,相比于用各个点之间的直线距离,百度地图真实行车距离更能够反映出实际状况。当响应距离设定为500m时,需要52个充电设施点才能够覆盖南山街道的所有需求点。改变响应距离,得到覆盖所有需求点最少充电桩数量见表2-14,绘制相应的响应距离与充电设施选址点数量关系图如图2-3所示。

响应距离与充电设施选址点数量关系　　　　　表2-14

响应距离(m)	充电桩数量(个)	响应距离(m)	充电桩数量(个)
7000	1	1000	35
6000	2	800	42
5000	2	600	50
4000	3	500	52
3000	5	300	62
2000	11	100	63

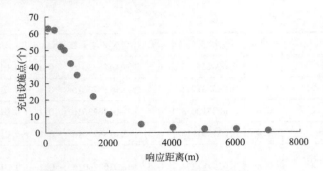

图 2-3 响应距离与充电设施选址点数量关系

当响应距离为 500m 时,需要 52 个充电设施点覆盖 100% 需求,充电设施选址以及覆盖情况见表 2-15。

响应距离为 500m 时充电设施选址以及覆盖情况   表 2-15

序号	充电设施选址点	覆盖点	序号	充电设施选址点	覆盖点
1	1	1	24	27	27
2	2	2	25	28	28,29
3	3	3	26	30	30
4	4	4,5	27	31	31
5	6	6	28	32	32,39
6	7	7	29	33	33
7	8	8	30	34	34
8	9	9	31	35	35
9	10	10	32	37	36,37
10	11	11	33	38	38
11	13	12,13,14	34	40	40
12	15	15	35	41	41
13	16	16	36	42	42
14	17	17	37	43	43,44
15	18	18	38	45	45,46
16	19	19	39	47	47
17	20	20	40	48	48
18	21	21	41	49	49
19	22	22	42	50	50,52
20	23	23	43	51	51
21	24	24	44	53	53
22	25	25	45	54	54
23	26	26	46	55	55,56,57

续上表

序号	充电设施选址点	覆盖点	序号	充电设施选址点	覆盖点
47	58	58	50	61	61
48	59	59	51	62	62
49	60	60	52	63	63

4. 南山街道层级的最大覆盖模型求解

用 java 语言调用 cplex 求解最大覆盖模型,相比于求解集合覆盖模型,多了对各个需求点需求系数的刻画。当响应距离为 500m 时,给定充电设施 30 个,能够覆盖南山街道 72.51% 的充电需求,相应的充电设施选址点以及覆盖情况见表 2-16。

响应距离为 500m 且给定 30 个充电设施选址点的选址情况以及覆盖情况　　表 2-16

序号	充电设施选址点	覆盖点	序号	充电设施选址点	覆盖点
1	2	2	16	37	36,37
2	4	4,5	17	38	38
3	7	7	18	43	43,44
4	8	8	19	45	45,46
5	9	9	20	48	48
6	10	10	21	49	49
7	11	11	22	50	50,52
8	13	12,13,14	23	51	51
9	18	18	24	53	53
10	19	19	25	54	54
11	28	28,29	26	55	55,56,57
12	31	31	27	58	58
13	32	32,39	28	59	59
14	33	33	29	60	60
15	34	34	30	63	63

南山街道的总充电需求数为 2037,按上述设施建设情况,能够覆盖 1477 个充电需求,未覆盖 560 个充电需求数,未被覆盖的充电需求点序号为:1,3,6,15,16,17,20,21,22,23,24,25,26,27,30,35,40,41,42,47,61,62。

当响应距离为 500m 时,给定的充电设施选址点个数与覆盖率关系见表 2-17。

充电设施选址点个数与覆盖率关系　　表 2-17

充电设施选址点个数	覆盖率(%)	充电设施选址点个数	覆盖率(%)
1	6.09	6	24.64
2	11.88	8	29.70
4	18.95	10	34.36

续上表

充电设施选址点个数	覆盖率(%)	充电设施选址点个数	覆盖率(%)
13	40.84	35	79.87
15	45.16	38	83.90
18	51.25	40	86.45
20	55.18	43	89.84
23	61.07	45	92.10
25	64.80	48	95.48
28	69.56	50	97.74
30	72.51	51	98.87
33	76.93	52	100

当响应距离为500m时,充电设施个数与充电设施覆盖率关系如图2-4所示。

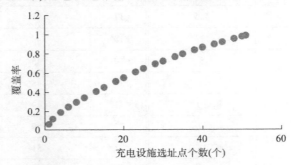

图2-4 给定充电设施选址点个数与最大覆盖率关系

5. 南山街道层级的带强制封闭约束的最大覆盖模型求解

由集合覆盖模型可知,当响应距离为1200m时,至少需要27个充电设施选址点能够覆盖南山街道100%的充电需求,那么当强制封闭距离为1200m时,此时响应距离仍为500m,在30个需求点建充电设施,在响应距离为500m内,能够覆盖南山街道65.24%的充电需求,充电设施选址点情况和覆盖情况见表2-18。相比于不考虑强制封闭距离的最大覆盖模型,在响应距离500m内,降低了7.27%的覆盖率。

考虑强制封闭约束的充电设施建设以及覆盖情况　　　　表2-18

序号	充电设施选址点	响应距离为500m覆盖点	响应距离为1200m覆盖点
1	4	4,5	1,2,3,4,5,7
2	6	6	6
3	8	8	1,8
4	9	9	9
5	11	11	11
6	13	12,13,14	10,12,13,14,17
7	15	15	15

续上表

序号	充电设施选址点	响应距离为500m覆盖点	响应距离为1200m覆盖点
8	16	16	16
9	18	18	18
10	19	19	19,22
11	20	20	20
12	21	21	21
13	24	24	24
14	25	25	25
15	26	26	26
16	27	27	23,27,28,29
17	30	30	30
18	31	31	31
19	32	32,39	32,33,39
20	33	33	32,33,39,42,43
21	36	36,37	34,35,36,37,43
22	38	38	38,61
23	40	40	40
24	44	43,44	41,43,44
25	45	45,46	45,46
26	48	48	47,48,50,51,52
27	49	49	49
28	50	50,52	48,50,51,52,53
29	57	55,56,57	54,55,56,57,58,59,60
30	63	63	61,62,63

当给定30个充电设施建设点时,考虑强制封闭距离的覆盖率与不考虑强制封闭距离的覆盖率相比较的降低值见表2-19。

考虑强制封闭距离与不考虑强制封闭距离覆盖率关系　　　表2-19

强制封闭距离(m)	考虑强制封闭距离,响应距离为500m的覆盖率(%)	不考虑强制封闭距离,响应距离为500m的覆盖率(%)	覆盖率降低值(%)
1200	65.24	72.51	7.27
1250	66.91	72.51	5.60
1300	67.99	72.51	4.52
1350	68.34	72.51	4.17
1400	68.83	72.51	3.68

续上表

强制封闭距离(m)	考虑强制封闭距离,响应距离为500m的覆盖率(%)	不考虑强制封闭距离,响应距离为500m的覆盖率(%)	覆盖率降低值(%)
1500	69.66	72.51	2.85
1600	69.66	72.51	2.85
1700	71.18	72.51	1.33
1800	71.62	72.51	0.88
2000	71.97	72.51	0.54
3000	72.31	72.51	0.20
4000	72.51	72.51	0
5000	72.51	72.51	0

当然,也可以根据带强制封闭约束的最大覆盖模型来对集合覆盖模型进行进一步的改善,例如上述集合覆盖模型中,当响应距离为500m时,需要52个充电设施选址点个数来覆盖100%的需要,可以令强制封闭距离为500m,仍给定52个充电设施选址点,让更多的充电需求更靠近充电设施点,例如当响应距离为300m时,覆盖率为85.52%,而在集合覆盖模型的建设情况下,当响应距离为300m时,覆盖率为85.22%。

当响应距离变化时,一系列的覆盖率变化见表2-20,可以看出,用带强制封闭约束的最大覆盖模型求解集合覆盖模型问题时,总是能够让更多的需求更靠近设施建设点。

集合覆盖模型和考虑强制封闭约束的最大覆盖模型覆盖率对比　　　表2-20

响应距离(m)	在响应距离500m集合覆盖建设情况下覆盖率(%)	考虑强制封闭约束为500m,给定52个充电设施选址点覆盖率(%)
500	100	100
450	94.50	94.80
400	91.07	93.32
350	89.10	91.16
300	85.22	85.52
250	85.22	85.52
200	85.22	85.52
150	85.22	85.52
100	83.06	83.36
50	83.06	83.36

第二节　基于流量需求的电动汽车充电设施规划研究

一、国内外研究现状

Hodgson是国外最早提出基于流量需求选址模型的学者,他提出了一种基于最大覆盖的截流选址模型(Flow-Capture Location Model,FCLM)。该模型定位 P 个设施,最大化地捕获通过的流量。在此基础上,Kuby M 考虑了车辆的行驶里程,提出了流量捕获选址模型(Flow-Refueling Location Model,FRLM),该模型分两个阶段:第一阶段是寻找候选站点的可行组合使得小汽车能够顺利完成 OD 对的往返行程;第二阶段是将这些组合用作模型的输入来确定站点的位置,从而最大化地捕获通过的流量。Kuby Lim 进一步拓展了候选站点的位置,通过 Mid-path segment、minimax 和 maxmini 等算法将候选站点分散到弧上。Upchurch 和 Kuby 在 FRLM 的基础上,对设施备选点的服务能力做了限制,提出了考虑容量限制的流量捕获选址模型(CFRLM),其中每一个设施备选点的服务量不能够超过其服务能力,目标函数仍为最大化地捕获通过的车流量。Kim Kuby 在 FRLM 的基础上,考虑了车辆路径的偏移去寻找设施服务点,提出了偏移路径流量捕获模型(DFRLM),模型中每一辆车都会在其可承受的偏移距离内去寻找可以为其服务的站点,它试图反映驾驶员偏离其预先计划路径去寻找服务站点的意愿。基于 FRLM 第一阶段寻找候选站点的可行组合无法应对大规模网络的问题,Mir Hassani 和 Ebrazi 重写了 FRLM 的形式,提出了一种不同形式的 FRLM 模型(FRFRLM)。Chung 和 Kwon 在此基础上,提出了电动汽车充电桩多阶段规划模型,并与顺序单阶段模型和逆序单阶段模型进行对比分析。

相比国外学者,国内基于流量需求模型的研究较少,Wang Y W 研究了为到景区娱乐的那些小型电动车建设充电桩的选址,在使得小型电动车能够完成往返路径的前提下总的建设成本最小,结果发现快速充电能够有效减少充电站的数量。Wang Y W 进一步在此基础上忽略电动汽车充电时间研究多条 OD 路径的电动汽车充电桩选址,结果发现更大的车辆续驶里程能够有效减少电动汽车充电桩数量。

二、流量需求模型介绍

(一)截流选址模型

基于最大覆盖的截流选址模型由加拿大阿尔伯塔大学 Hodgson 教授于 1989 年提出,奠定了基于流量需求选址模型的基础。他认为网络中的需求并不总是在节点上发生,在某些特殊的场景,如便利店、加油站等,交通流量也会产生需求。流量由起始点 O 点沿着交通节点到达终点 D。他有如下几个假设:

(1)流量只要通过某一个点,那么这个流量就被这个点被捕获了。

(2)需求的基本单位为 OD 对,传统的流量表示法将起始点写成 O_i,把终点写成 D_j,它们之间的流量为 f_{ij}。那么,当 i 和 j 都从 1 至 n 时,流量对有 n^2 个,因为研究的流量对是对称的,所以,流量对总数有 $n(n-1)/2$。

$$\text{Maximize } Z = \sum_{q \in Q} f_q y_q \tag{2-10}$$

$$\sum_{k \in N_q} x_k \geq y_q, q \in Q \tag{2-11}$$

$$\sum_{k \in K} x_k = p \tag{2-12}$$

$$x_k, y_q \in \{0,1\} \ \forall k, q$$

式中:q——一个特定的 OD 对;

Q——所有 OD 对的集合;

f_q——某一特定的 OD 对 q 之间的流量;

y_q——1 个 0-1 变量,当 f_q 被捕获时,y_q 为 1,当 f_q 没有被捕获时,y_q 为 0;

k——1 个潜在的设施位置;

K——所有潜在设施位置的集合;

x_k——1 个 0-1 变量,在设施位置 k 有一个设施时,x_k 为 1,在设施位置 k 没有设施时,x_k 为 0;

N_q——能够捕获 f_q 流量的所有节点集合;

p——给定的设施数量。

式(2-10)目标函数表示尽可能多地捕获更多流量。式(2-11)表示能够捕获 y_q 流量的设施位置集合,至少要有 1 个要建设。式(2-12)表示给定 p 个设施。

(二) 流量捕获选址模型

基于最大覆盖的流量捕获选址模型由美国亚利桑那州立大学 Kuby 教授于 2004 年提出,他在 Hodgson 教授的基础上进一步考虑车辆的续驶里程限制。他认为一个流量只要经过路径上的某一个设施,那么这个流量就被捕获了,这是不科学的,由于车辆续驶里程的限制,一个车辆可能需要多个设施加油,才能够成功在 OD 间往返。基于此,他提出了考虑车辆续驶里程的最大覆盖流量捕获选址模型,并且提出了一种确定可以使小汽车能够完成往返的设施组合的算法。与 FCLM 模型假设不同的是,因为小汽车有了行驶里程的限制,所以需要由一些设施组合来使得小汽车在 OD 对之间往返。

1. 一种确定设施组合的算法

q 表示每一个 OD 对的索引,h 为下标表示能够为路径 q 加油的设施 k 的组合,假设车辆具有相同的油耗率和油箱尺寸,油箱中剩余可供行驶 100miles 的燃料,我们将此范围称为剩余燃料范围,不要与车辆里程范围相混淆。以下算法生成并记录了可以为每个路径 q 加油的所有可行组合 h。

1) 步骤一:初始化

(1)生成所有 O-D 点的最短路径,存储路径的节点和链接。

(2)建立所有组合 h 的空主列表。

2) 步骤二:生成列表

从列表中的下一条路径 q 开始,生成所有可能组合成 h 的列表。

3) 步骤三:筛选

删除无法在给定路径上为给定范围车辆加油的设施组合。

(1)从路径 q 的起点节点开始,如果起始点有设施,那么将剩余燃料范围设置成车辆续驶里程,否则,将剩余燃料范围设置成车辆续驶里程范围的一半。因为如果车辆最后一次加油是在距离起始点最近的设施点,那么油箱至少需要剩余半箱油才能够使得车辆来回往返。

(2)移动到往返路径上的下一个节点,并从剩余燃料范围中减去行驶的距离,并按给定顺序检查下面四个条件。

①如果剩余燃料范围小于零,则在到达节点之前将燃料用完。从路径 q 的可能组合列表中删除此设施组合,然后返回到步骤三的下一个组合。

②如果该节点是目的地,则:如果目标点有 1 个加油站,这些设施的组合可以为该路径加油,将其保存在路径 q 的组合列表中,然后返回到步骤三的下一个组合;如果目标点没有加油站,转到步骤三(2)。

③如果该节点是起始点,则车辆返回起始点不会耗尽燃料。将组合保留在路径 q 的组合列表中,然后返回到步骤三,开始下一个组合。

④如果该节点有加油站,则将剩余燃料范围设置为车辆续驶里程,转到步骤三(2)。

⑤如果该节点没有加油站,转进行步骤三(2)。

(3)当已经为路径 q 评估了所有可能的组合时,转步骤四。

4) 步骤四:组合列表

删除作为任何其他剩余组合超集的组合,也就是说,存在另一个有效组合,它是该组合的严格子集。比如,一条路径可以由节点 3、5 和 7 的设施加油,也可以仅由节点 3 和 7 的设施加油,则无须考虑更大的组合。

(1)根据组合中的节点数以降序方式对组合进行排序,以使具有更多节点的组合位于具有较少节点的组合之上。

(2)从第一个组合开始,如果它是其后任何组合的超集,那么将其从路径 q 的组合列表中删除。

(3)转到下一个组合,然后重复该过程,直到到达路径 q 的组合列表的末尾。

5) 步骤五:评估

在每个可行组合 h 中记录设施 k,并为路径 q 记录可行组合 h,这些关系存储在两组系数中:第一个系数 b_{qh},如果设施组合 h 能够使路径 q 上的车辆成功往返,那么 b_{qh} 为 1,否则为 0;第二个系数 a_{hk},如果设施 k 在组合 h 中,a_{hk} 为 1,否则为 0。

2. 流量捕获选址模型介绍

流量捕获选址模型为:

$$\text{Maximize} Z = \sum_{q \in Q} f_q y_q \tag{2-13}$$

$$s.t. \sum_{h \in H} b_{qh} v_h \geq y_q, \forall q \in Q \tag{2-14}$$

$$a_{hk} x_k \geq v_h, \forall h \in H; k \mid a_{hk} = 1 \tag{2-15}$$

$$\sum_{k \in K} x_k = p \tag{2-16}$$

$$x_k, v_h, y_q \in \{0,1\}, \forall k, h, q$$

式中:q——1 个特定的 OD 对;

Q——所有 OD 对的集合;

f_q——某一特定的 OD 对 q 之间的流量;

y_q——一个 0-1 变量,路径 q 上的流量 f_q 被捕获,那么 y_q 为 1,路径 q 上的流量 f_q 没有被捕获,那么 y_q 为 0;

k——1 个潜在的设施位置;

K——所有潜在设施位置的集合;

x_k——1 个 0-1 变量,如果在设施位置 k 有 1 个设施,那么 x_k 为 1,如果在设施位置 k 没有设施,那么 x_k 为 0;

p——给定设施的数量;

h——某一潜在设施组合的索引;

H——所有潜在的设施组集合;

a_{hk}——如果设施 k 在组合 h 中,那么 a_{hk} 为1,否则 a_{hk} 为0;

b_{qh}——如果设施组合 h 能够使得路径 q 上的车辆成功往返,那么 b_{qh} 为1,否则 b_{qh} 为0;

v_h——如果设施组合 h 中的设施都建设,那么 v_h 为1,否则 v_h 为0。

式(2-13)目标函数表示尽可能多地捕获更多的流量,式(2-14)表示当 y_q 为1时,一定要有一组能够捕获 y_q 流量的设施位置集合要建设,其中这一组设施要保证能够让小汽车在路径 q 上成功往返。

(三)考虑容量限制的流量捕获选址模型

考虑容量限制的基于最大覆盖的流量捕获选址模型是由美国南卡罗来纳大学 Upchurch 教授以及美国亚利桑那州立大学 Kuby 教授等提出的,FRLM 模型假设不管某一个 OD 对的流量有多少,只要他通过了某一个站点,那么这个站点就能给他提供服务,而事实上,某一个站点的服务能力是有限制的,在此基础上,他们提出 CFRLM 模型限制通过某一个设施的流量。

$$\text{Maximize } Z = \sum_{q \in Q h \mid b_{qh}=1} \sum f_q y_{qh} \tag{2-17}$$

$$s.t. \sum_{q \in Q h \mid b_{qh}=1} \sum e_q g_{qhk} f_q y_{qh} \leq c x_k, \forall k \in K \tag{2-18}$$

$$\sum_{k \in K} x_k = p \tag{2-19}$$

$$\sum_{h \mid b_{qh}=1} y_{qh} \leq 1, \forall q \in Q \tag{2-20}$$

$$y_{qh} \geq 0, \forall q \in Q, h \in H \tag{2-21}$$

$$x_k \in \{nonnegative integers\}$$

式中:q——1个特定的 OD 对;

Q——所有 OD 对的集合;

f_q——某一特定的 OD 对 q 之间的流量;

y_{qh}——某一个 O-D 对流量 q,由设施组合 h 捕获的百分比;

k——1个潜在的设施位置;

K——所有潜在设施位置的集合;

x_k——在设施点 k 放置的充电单元个数;

p——给定的充电单元个数;

h——某一潜在设施组合的索引;

H——所有潜在的设施组集合;

g_{qhk}——一辆小汽车在路径 q 上往返由设施组合 h 服务,经过设施组合 h 中设施 k 的次数,当设施 k 在设施组合 h 中,但不在起始点与终点时,值为2,当设施 k 在设施组合 h 中,且设施 k 在起始点或者终点时,值为1,当设施 k 不在设施组合 h 中时,值为0;

e_q——小车在路径 q 上往返需要加油的次数，$e_q = 1/\max\left[1, int\left(\frac{range}{roundtripdistance}\right)\right]$。

式(2-17)目标函数表示尽可能多地捕获更多的流量，式(2-18)表示每一个点不能够超过其服务能力，式(2-19)表示给定 p 个充电单元，式(2-20)表示某一个 OD 对流量 q 由设施组合 h 捕获的百分比不能超过 1，式(2-21)表示某一个 OD 对流量 q 由设施组合 h 捕获的百分比一定大于等于 0。

（四）考虑路径偏移的流量捕获选址模型

考虑路径偏移的流量捕获选址模型是由韩国首尔大学 Kim 教授和美国亚利桑那州立大学 Kuby 教授等提出，他们进一步在 FRLM 模型的基础上考虑到驾驶员从起始点出发到达终点的过程中，最短路径上不一定有充电站，驾驶员很可能出现偏移最短路径在一定短的距离内寻找充电站的情况。他们假设偏移量与偏移距离之间是一个函数关系，假设了几个不同的偏移函数。

$$\text{Maximize } Z = \sum_q \sum_r f_q g_{qr} y_{qr} \tag{2-22}$$

$$s.t. \sum_{r \in R_q} y_{qr} \leq 1, \forall q \in Q \tag{2-23}$$

$$\sum_{h \in H_{qr}} v_h \geq y_{qr}, \forall r \in R_q, q \in Q \tag{2-24}$$

$$x_k \geq v_h, \forall h \in H, k \in K_h \tag{2-25}$$

$$\sum_{k \in K} x_k = p \tag{2-26}$$

$$x_k, v_h, y_{qr} \in \{0,1\}, \forall k \in K, h \in H, q \in Q, r \in R_q$$

式中：q——1 个特定的 OD 对；

r——偏移路径的索引；

k——1 个潜在的设施位置；

h——某一潜在设施组合的索引；

Q——所有 OD 对的集合；

R——所有偏移路径集合；

R_q——OD 对路径 q 的偏移路径 r 的集合；

K——所有潜在设施位置的集合；

K_h——在设施组合 h 中设施组合 k 的集合；

H——所有潜在的设施组集合；

H_{qr}——能够让路径 q 上偏移路径 r 成功往返的设施组合 h；

p——给定设施的数量；

f_q——某一特定的 OD 对 q 之间的流量；

g_{qr}——路径 q 上的流量，愿意走偏移路径 q 上的流量；

x_k——1 个 0－1 变量，如果在设施位置 k 有 1 个设施，那么 x_k 为 1，如果在设施位置 k 没有设施，那么 x_k 为 0；

y_{qr}——1 个 0－1 变量，如果 OD 对 q 上的流量走得最多的偏移路径为 r，那么 y_{qr} 为 1，否则为 0；

v_h——如果设施组合 h 中的设施都建设,那么 v_h 为1,否则 v_h 为0。

式(2-22)目标函数表示尽可能多地捕获更多的流量,式(2-23)表示某一个 OD 对一定只能让1个 y_{qr} 为1,即只能选取某一条偏移路径计算其偏移流量。式(2-24)表示当 y_{qr} 为1时,必须有一组设施组合来成功使在 OD 往返。式(2-25)表示某一设施组合建设时,其中所有的设施必须建设。

(五)一种灵活形式的流量捕获选址模型

伊朗阿米尔卡比尔理工大学 MirHassani 教授考虑 FRLM 模型的缺陷,当网络规模变大时,能够使小汽车在某一条路径成功往返的设施组合求解时间过长,基于新的加油逻辑,开发了一种基于流量需求的灵活形式的模型。

1. 建设扩大的网络

以下四个步骤对网络进行扩大。

步骤一:在起始点前加一个点 s,在终点后加一个点 t,连接 s 点和第一个点,连接 t 点和最后一个点。更新网络中路径存在的点集合和弧集合。

步骤二:连接 s 到起点 A(假设起始点为 A)不大于 $R/2$ 的所有点。

步骤三:连接 t 到终点 D(假设终点为 D)不大于 $R/2$ 的所有点。

步骤四:从起始点开始,按照索引顺序把某一个点能到达后面的点连起来。

$$G = (\widehat{N^q}, \widehat{A^q}) \tag{2-27}$$

这表示一个扩大的网络。

式中:N^q——表示在路径 q 上存在的点集合;

$\widehat{N^q}$——表示在扩大的网络上路径 q 存在的点集合;

A^q——表示在路径 q 上的 arc 集合;

$\widehat{A^q}$——表示在扩大的网络上路径 q 存在的 arc 集合。

2. 一种灵活形式的流量捕获选址模型介绍

连接一个新的 arc,s 和 t,添加这个连接的目的是允许一条路径的流量不被捕获,若 $x_{st}^q = 1$,则路径 q 上的流量被捕获,若 $x_{st}^q = 0$,则路径 q 上的流量未被捕获。

$$\text{Maximize } Z = \sum_{q \in Q} f_q (1 - x_{st}^q) \tag{2-28}$$

$$s.t. \sum_{\{j|(i,j) \in A^q\}} x_{ij}^q - \sum_{\{j|(j,i) \in A^q\}} x_{ji}^q = \begin{cases} 1, i = s \\ -1, i = t \\ 0, i \neq s, t \end{cases}, \forall q \in Q, \forall i \in \widehat{N^q} \tag{2-29}$$

$$\sum_{\{j|(j,i) \in A^q\}} x_{ji}^q \leq y_i, \forall i \in N, \forall q \in Q_i \tag{2-30}$$

$$x_{ij}^q \geq 0, \forall q \in Q, \forall (i,j) \in \widehat{A^q} \tag{2-31}$$

$$\sum_{i \in N} y_i = p \tag{2-32}$$

$$y_i \in \{0,1\}, \forall i \in N$$

式中:y_i——0-1变量,如果在点 i 建设一个充电站,那么 y_i 为1,否则 y_i 为0;

x_{ij}^q——在弧(i,j)上转运的流量;

Q——所有最短路径集合;

N——所有点的集合$(N = U_{q \in Q} N^q)$;

Q_i——通过点i的最短路径集合。

式(2-28)目标函数表示尽可能多地捕获更多的流量,式(2-29)表示某一个点流量的流入量等于其流出量,式(2-30)表示小汽车选择的路径经过某一个点的话,那么这个点必须建设充电站,式(2-31)表示某一个点流入的流量一定大于等于0,式(2-32)表示给定的设施数量为P个。

三、相关算法介绍

(一)将候选点分散到弧上的算法

1. 中间路径段算法

1) 步骤一:生成中间路径段

对于每一条路径q,只有车辆续驶里程大于等于整条路径长度以及车辆续驶里程不大于2倍的整条路径长度,才会有中间路径段,如果车辆续驶里程大于等于2倍的整条路径长度,那么没有中间路径段。如果中间路径段不包含任何顶点,可添加到临时集合。这是因为中间路径段如果包含了顶点,这个顶点比中间路径段其他点要好,那么,这样的中间路径段不添加到临时集合。

2) 步骤二:把过度重叠的路径段转变为不重叠的子段

(1) 对于每一个弧a,如果弧a在临时集合中不包含段,那么转到下一个弧。

(2) 如果弧a只包含1段,或者没有重复的段,将这些段添加到全局段列表中。

(3) 如果弧a包含重叠的段,将每个唯一重叠的段分割成自己不重叠的子段,将新的子段添加到全局段列表中。

3) 步骤三:消除被支配分段

对于每一个路径段中的元素,检查它可以加油的路径集是否为其他加油路径集的子集,如果是,消除该路径段。

4) 步骤四:确定

一旦这个段确定下来,假定候选点在段的中间点,这些点被添加到对应加油路径的服务顶点集中。

2. Minimax算法

Minimax算法添加点到子弧上使得最长的子弧尽可能地短。每一次计算都会寻找最长的子弧然后向其中添加一个点,直到给定点的个数添加完成。

3. Maximin算法

Maximin算法添加点到子弧上使得最短的子弧尽可能地长。每一次计算都会假设在所有的子弧上添加一个点,找出一个划分后最长的子弧,然后在该子弧添加一个点。

(二)一种解决大规模交通网络问题的算法

针对流量捕获选址模型及其拓展模型无法解决大规模网络问题,我们开发了一种解决大规模交通网络问题的算法,该算法分为两个阶段来解决大规模网络问题,第一个阶段聚类对交通网络重构,用模型求解得到选址的类,第二个阶段是还原交通网络,将未选址的类从交通网络中删除,但不改变交通网络结构,用模型求解得到选址的点。具体算法见表2-21。

算法1:一种解决大规模交通网络问题的算法 表2-21

输入	交通网络节点点与点之间的OD流量 flow,交通网络节点点与点之间的距离 dist,聚类数 n1,给定的在交通网络选址建设的充电设施个数 n
输出	充电设施在交通网络选址点
1	cluster_Set←Cluster(dist,n1)
2	netWork1←restoreNetWork(flow,dist,Cluster_Set)
3	placeSet←function(n,netWork1)
4	netWork2←newNetwork(placeSet,flow,dist)
5	modelFunction←addconstraints(placeSet$_i$,1)
6	place←modelFunction(n,netWork2)

(1)聚类。根据交通网络节点的经纬度坐标对交通网络节点进行聚类,将交通网络节点聚类成$n1$个类,使得模型能够在一定时间内有效处理。

(2)交通网络重构。聚类后需要重构交通网络类与类之间的距离以及OD流量。聚类后类与类之间的距离取某一类中的点与另一类中点的最远距离,类与类之间的OD流量取一个类中所有的点到另一个类中所有点的流量总和,例如,在图2-5中类1到类2的距离为类1中的点1、3、6到类2中的点25、12、63的最大距离,如果不存在这样的距离,那么类1与类2的距离为无穷大,类1到类2的OD流量为点1、3、6分别到点25、12、63的流量和。当然,这样网络中会损失掉一部分某一类中O点到D点的流量,如点1到点3的流量就损失掉了。

(3)带入模型得到聚类后的充电设施选址类以及充电设施不会选址的类。

(4)恢复交通网络,在不破坏交通网络的前提下将不会选址类中的充电设施备选点从交通网络中删除,如图2-5所示,假设某一模型结果为在类1、类2、类4建设,类3不再建设充电服务设施,那么针对模型结果中不建设的类,保留路段长度将所在的节点数据除去,即网络中不再有点15、点2和点3,但是假如点6经过点15到点199,其距离不因除去点15而改变。

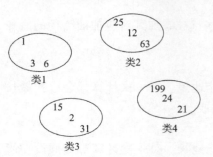

图2-5 交通网络

(5)针对每一个选址类中的点添加一条必定在其类中选址的约束。

(6)这样,我们就得到除去一些不建设点的交通网络,缩小了交通网络节点的规模,利用点与点之间的距离数据以及OD流量数据带入模型,得到充电设施布局情况。

（三）一种将真实充电设施影射到交通网络的算法

针对目前电动汽车充电设施建设情况无法评判的现状，我们开发一种将真实充电设施映射到交通网络的算法，与模型输出的结果进行比较，从而对区域电动汽车充电设施建设情况进行评价。具体算法见表2-22。

算法2：一种将真实充电设施影射到交通网络的算法　　　　　　　　　表2-22

输入	一个工作日车辆的停车充电经纬度数据$L1$、交通网络节点经纬度数据$L2$、同一个充电站内点与点之间的距离$d1$、聚类数$n1$、距离$d2$
输出	交通网络充电设施建设情况
1	if $Dist(L1_i, L1_{i+1}) < d1$, then delete $L1_{i+1}$
2	$L3 \leftarrow \text{cluster}(n1)$
3	if $(Dist(L2_i, L3_i) < d2)$, then let $L2_i = 1$

注：$L3$为聚类后的$n1$个聚类中心点

1. 数据
该算法所需数据如下。
（1）某一个工作日车辆的停车充电经纬度坐标数据；
（2）区域交通网络节点的经纬度坐标数据。

2. 参数
该方法所需要设置的参数如下。
（1）认为是同一个充电站内点与点之间的距离：$d1(m)$；
（2）聚类的类别数：$n1$；
（3）交通网络节点与聚类中心点之间的距离：$d2(m)$。

①对某一个工作日的车辆充电停靠点原始数据进行筛选处理，对于同一个充电站内的数据保留一条，方便后面对充电站点进行聚类，对于车辆充电停靠点经纬度坐标点与点之间距离小于$d1$的仅保留一条。

②采用K均值聚类的方法，对筛选后的数据进行聚类，设定聚类数为$n1$个点，聚类后得到$n1$个聚类中心点。

③将得到的聚类中心点映射到建模的交通网络节点上。根据交通网络节点经纬度坐标与聚类中心点的距离，如果某一个交通网络节点周围$d2(m)$有聚类中心点，那么可以认为该交通网络节点是充电设施建设点。

四、以上海市嘉定区为场景的流量需求模型应用

（一）数据来源

上海国际汽车城提供上海市嘉定区一个工作日的电动汽车OD流量情况和OD点之间的距离，上海市嘉定区交通网络如图2-6所示，共有271个充电桩备选点，某一个工作日的OD流量共有25259对，OD流量表见表2-23。上海市嘉定区交通网络节点与节点之间的距离见表2-24。

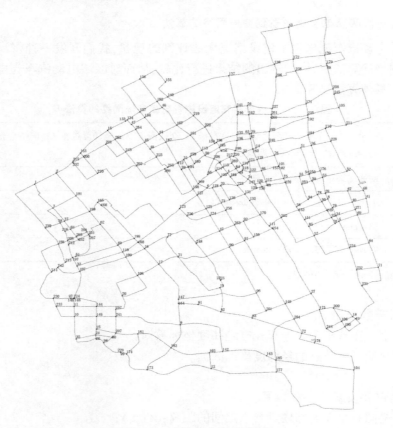

图 2-6 上海市嘉定区交通网络

上海市嘉定区某一个工作日的 OD 流量　　　　　　　　　表 2-23

交通网络节点	交通网络节点	OD 流量
175	218	1
181	143	3
153	130	2
35	10	66
129	223	19
25	10	15
143	185	65
203	157	2
92	89	2
13	106	28
62	110	11
129	117	42
39	14	4
244	160	2

上海市嘉定区交通网络节点与节点之间的距离　　　　　　　表2-24

交通网络节点	交通网络节点	距离(m)
1	3	2020.7
37	3	1052.4
38	3	1401.15
191	3	1468.99
1	2	1356.31
191	2	1819.03
215	2	1207.67
1	239	3968.95
38	239	866.03
188	239	1273.59
2	191	1819.03
3	191	1468.99
199	191	1260.78
2	1	1356.31

(二)以上海市嘉定区为场景的流量捕获选址模型求解

假设电动汽车的行驶里程为150km,应用上面提出的解决大规模交通网络问题的算法,设置聚类类别数为120类,给定设施数量分别为10、20、30、40、50、60时,java调用cplex求解器得到第一阶段流量捕获的结果见表2-25,选址类的情况如图2-7所示。

给定设施数量不同时流量捕获选址模型结果　　　　　　　表2-25

给定设施数量	OD总流量	捕获的OD流量	捕获的OD流量占总流量比例(%)	求解用时(s)
10	21794	15530	71.26	43.93
20	21794	18895	86.70	45.188
30	21794	20552	94.30	44.124
40	21794	21315	97.80	44.265
50	21794	21664	99.40	44.415
60	21794	21781	99.94	45.574

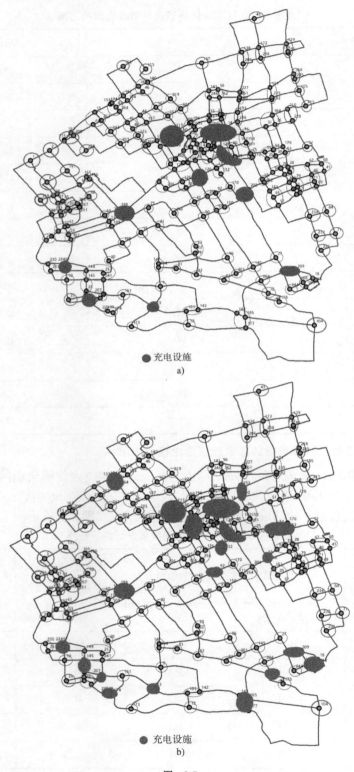

图 2-7

第二章 充电基础设施空间优化技术

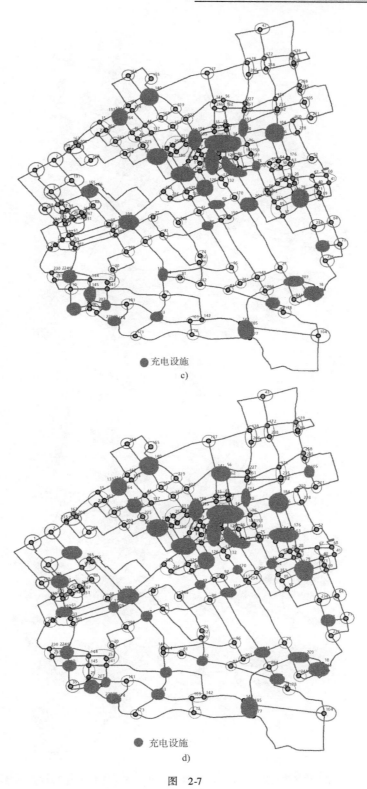

图 2-7

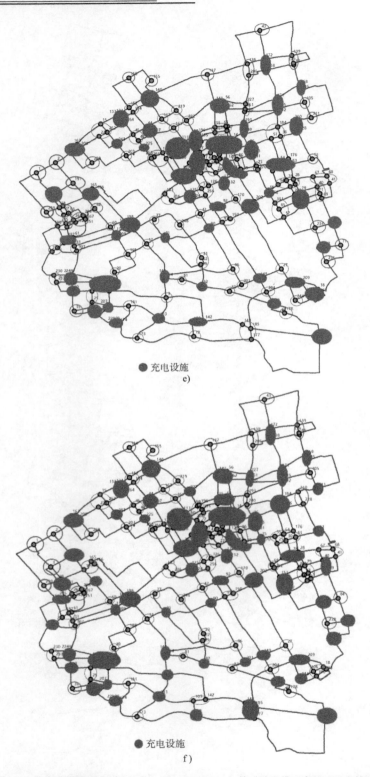

● 充电设施
e)

● 充电设施
f)

图 2-7 给定设施数量分别为 10、20、30、40、50、60 时,第一阶段模型求解选址点情况

第二章 充电基础设施空间优化技术

第二阶段求解流量捕获的结果见表2-26,选址点的情况如图2-8所示。

给定设施数量不同时流量捕获结果　　　　　表2-26

给定设施数量	OD总流量	捕获的OD流量	捕获的OD流量占总流量比例(%)	求解用时(s)
10	1529	1236	80.84	0.285
20	4826	4218	87.40	2.025
30	6901	6056	87.76	16.327
40	7501	6636	88.47	111.745
50	9156	8312	90.78	979.089
60	8831	8231	93.21	1606.268

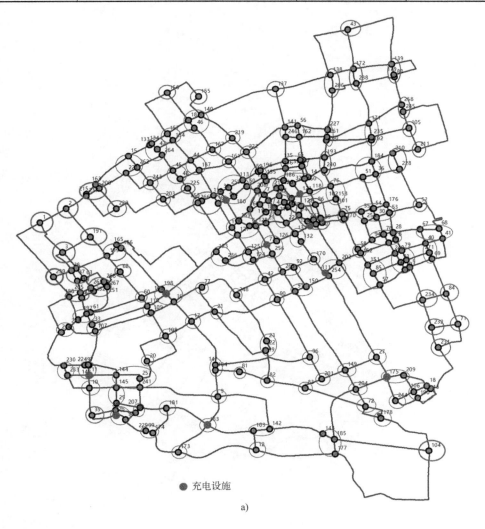

● 充电设施

a)

图 2-8

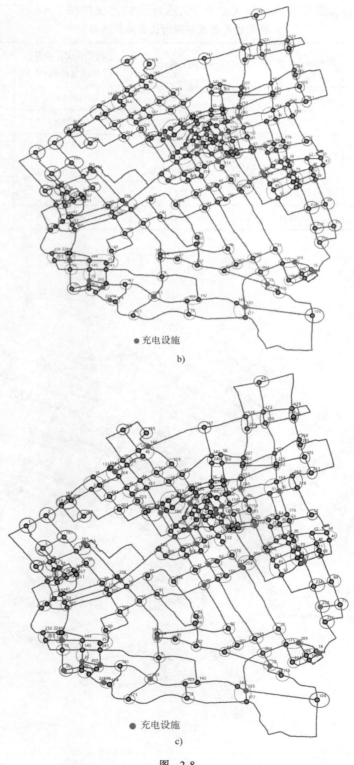

● 充电设施

b)

● 充电设施

c)

图 2-8

第二章 充电基础设施空间优化技术

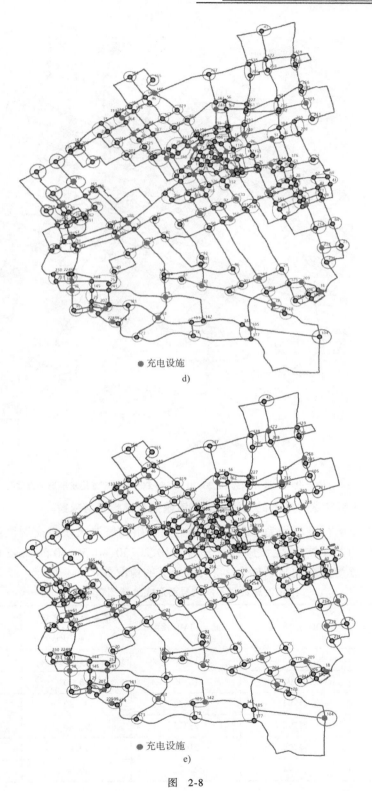

● 充电设施
d)

● 充电设施
e)

图 2-8

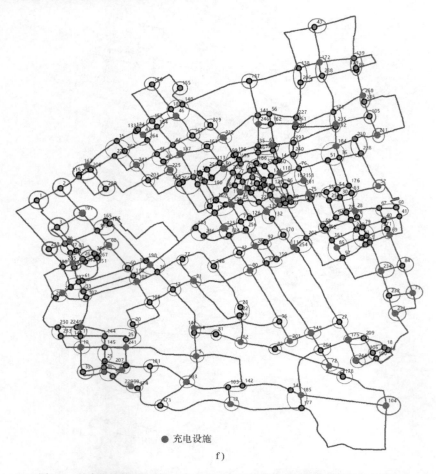

● 充电设施

f)

图 2-8 给定设施数量分别为 10、20、30、40、50、60 时,模型最终求解选址点情况

(三) 以上海市嘉定区为场景的灵活形式的流量捕获选址模型求解

假设电动汽车的行驶里程为 150km,应用上面提出的解决大规模交通网络问题的算法,设置聚类类别数为 120 类,给定设施数量分别为 10、20、30、40、50、60 时,java 调用 cplex 求解器得到第一阶段流量捕获的结果见表 2-27,选址类的情况如图 2-9 所示。

给定设施数量不同时灵活形式流量捕获结果 表 2-27

给定设施数量(类)	OD 总流量	捕获的 OD 流量	捕获的 OD 流量占总流量比例(%)	求解用时(s)
10	21794	15530	71.26	46.811
20	21794	18895	86.70	50.329
30	21794	20552	94.30	46.82
40	21794	21315	97.80	49.9
50	21794	21664	99.40	55.53
60	21794	21782	99.94	56.294

第二章 充电基础设施空间优化技术

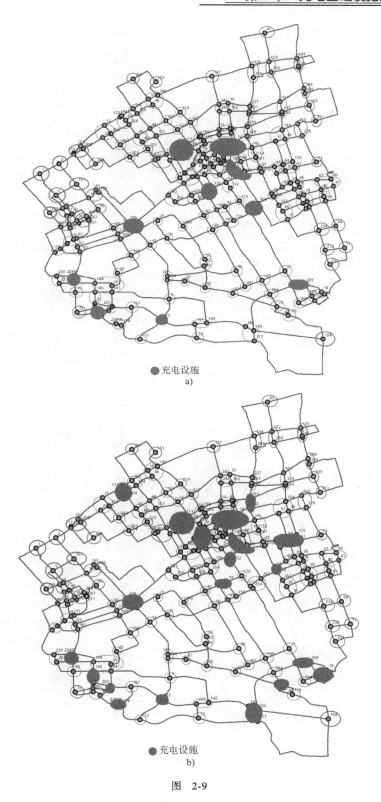

● 充电设施

a)

● 充电设施

b)

图 2-9

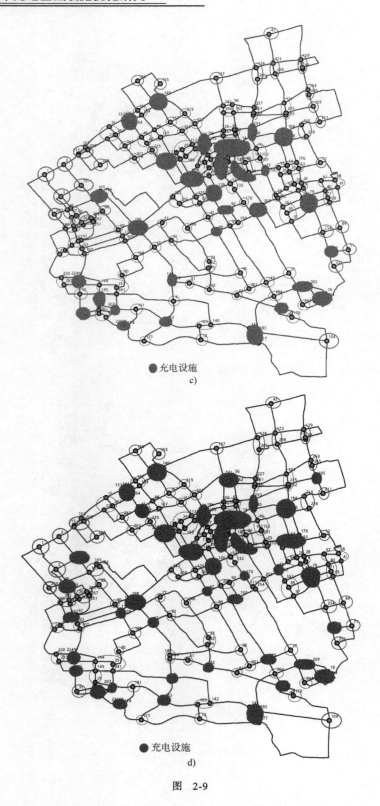

c)

● 充电设施

d)

● 充电设施

图 2-9

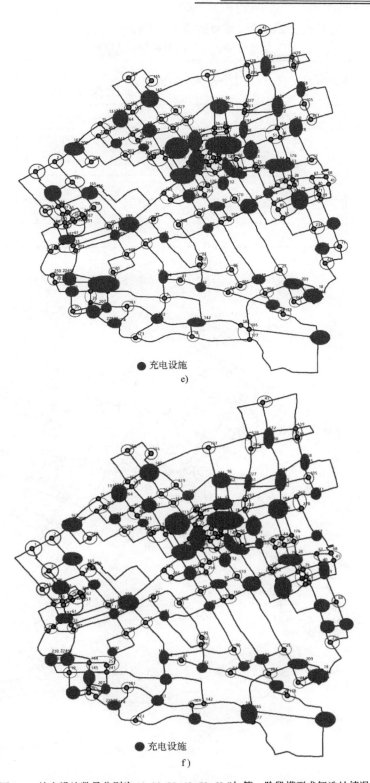

图 2-9 给定设施数量分别为 10、20、30、40、50、60 时,第一阶段模型求解选址情况

第二阶段求解结果见表 2-28，选址点的情况如图 2-10 所示。

给定设施数量不同时流量捕获结果　　　　　　　表 2-28

给定设施数量	OD 总流量	捕获的 OD 流量	捕获的 OD 流量占总流量比例(%)	求解用时(s)
10	1529	1236	80.84	0.691
20	4826	4218	87.40	7.237
30	6901	6056	87.76	69.605
40	7501	6636	88.47	236.596
50	9156	8312	90.78	671.402
60	9764	8966	91.83	751.038

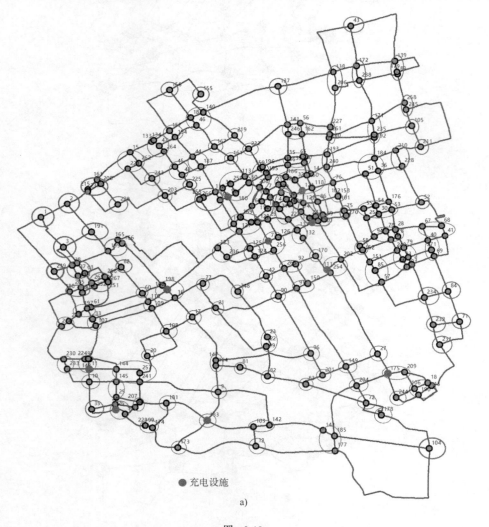

● 充电设施

a)

图 2-10

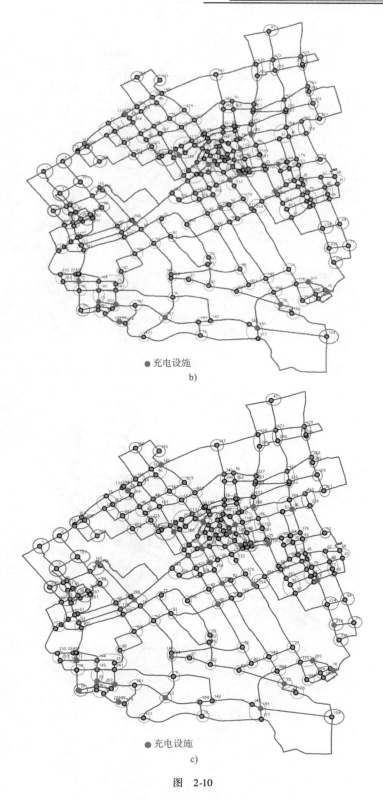

● 充电设施
b)

● 充电设施
c)

图 2-10

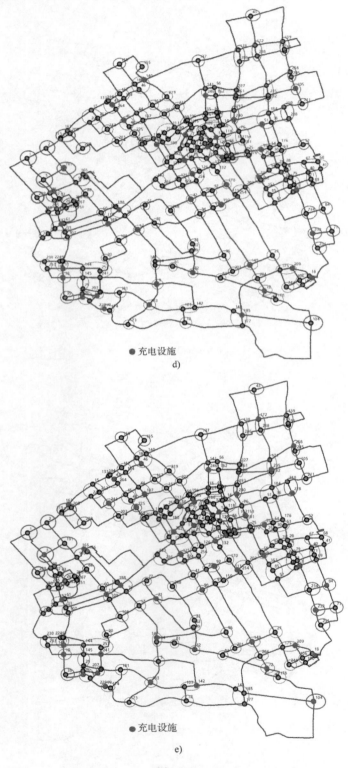

●充电设施
d)

●充电设施
e)

图 2-10

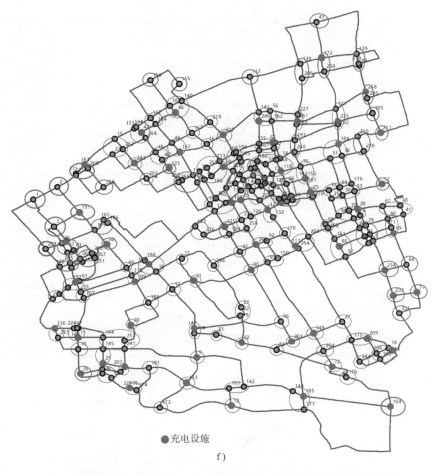

f)

图 2-10 给定设施数量分别为 10、20、30、40、50、60 时,模型最终求解选址点情况

(四) 上海市嘉定区充电设施建设评价

上海国际汽车城提供上海市嘉定区某一个工作日电动汽车停车充电数据见表 2-29,共 8636 条。上海市嘉定区交通网络 271 个节点的经纬度坐标见表 2-30。利用将真实充电设施映射到交通网络上的算法,设置 $d1$ 为 50m,$n1$ 为 60,$d2$ 为 500m,据此得到的充电设施建设点如图 2-11 所示。

上海市嘉定区电动汽车停车充电经纬度坐标　　　　表 2-29

序列号	经度(东经)	纬度(北纬)
1	121.2616	31.32408
2	121.2954	31.31026
3	121.2936	31.31394
4	121.265	31.30208
5	121.235	31.345
6	121.327	31.27071

续上表

序 列 号	经度(东经)	纬度(北纬)
7	121.309	31.2987
8	121.3318	31.27149
9	121.1457	31.42313

上海市嘉定区交通网络节点经纬度坐标　　　　表2-30

交通网络节点	经度(东经)	纬度(北纬)
1	121.1409	31.37361
2	121.1529	31.38015
3	121.1512	31.35952
4	121.2494	31.38031
5	121.3121	31.35187
6	121.2379	31.37166
7	121.2448	31.38652
8	121.3058	31.36512
9	121.223	31.29062
10	121.1634	31.29524

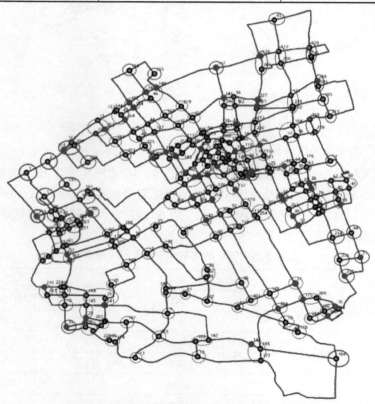

图2-11　将上海市嘉定区充电设施映射到交通网络上

如图 2-12 所示,根据 FRLM 模型第一阶段的输出结果,目前上海市嘉定区真实建设的点在模型输出建设类中有 34 个,根据 FRLM 模型最终的输出结果,目前真实建设的点与模型输出重合的点个数有 15 个。根据 FRFRLM 模型第一阶段的输出结果,目前真实建设的点在模型输出建设类中的有 36 个,根据 FRFRLM 模型最终的输出结果,目前建设的点与其重合的点个数有 15 个。

从以上数据可以分析得出,目前上海市电动汽车充电设施规划的设施与模型最优解重合率约为 25%,与模型第一阶段输出的建设类重合率约为 58%,从建设的交通网络节点上来说,目前上海市嘉定区左下区域缺乏充电设施的建设,总体来说,根据模型输出结果,上海市嘉定区充电设施建设有很大的优化空间。

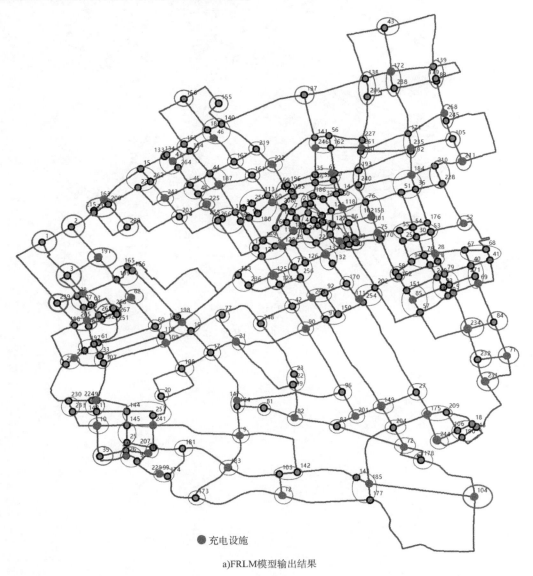

● 充电设施

a)FRLM模型输出结果

图 2-12

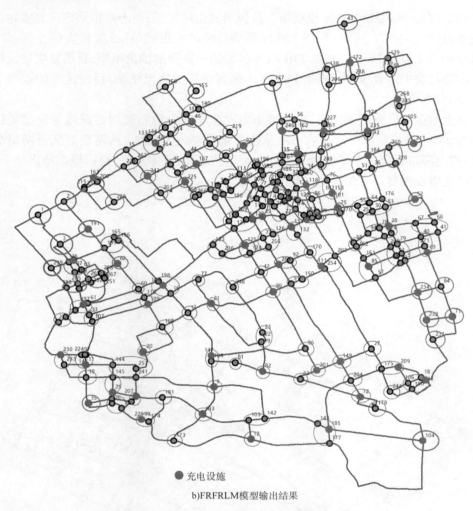

b)FRFRLM模型输出结果

图 2-12 给定选址点个数为 60 时,FRLM 和 FRFRLM 模型输出结果

第三章 充电基础设施运行评价

在对电动汽车充电基础设施进行评价时,需要建立一套高效、实用且科学合理的评价体系,因此必定要遵循客观的评价标准。通常情况下,在对充电基础设施进行评价时,需要满足以下几项原则。

1. 用户至上原则

建立充电基础设施用户满意度评价体系最基本的原则就是要以用户至上为基础来建立。只有以用户为评价基础,才能做到真正的以用户为中心,最大限度地去满足用户的需求,把握住用户的消费需求导向,对用户的满意度进行实时跟踪调查,将用户最在乎的因素作为评价体系的考核标准。

2. 可操作性原则

在充电基础设施用户满意度评价体系中,参考元素需要更加贴近实际情况,这样才能更加容易地进行素材收集。假如建立的充电基础设施用户满意度评价体系无法进行素材收集,那么就说明该体系的现实操作性不强,从而会使得该体系不存在任何意义,起不到自身该起的作用。

3. 可控制性原则

在评价体系中,各项指标的代表元素应能够得到有效的控制。假如所选取的各元素不在控制范围内,那么该项评价指标就没有存在的意义,因此不能作为评价的参考。

4. 可量化原则

在进行问题分析时,可以采用定量分析的方法对评价体系中的一些问题进行分析,然后将分析结果进行有效的统计分析,这样才能使构建的评价体系发挥最大的作用。

5. 稳定性原则

在构建的评价体系中,也需要全方位地考虑各项评价指标的稳定性。体系中全部指标的选择是需要时间积累的,而且是长期有效存在的,这样才能避免外界对评价结果的影响,使得构建的评价体系更加科学合理。

本章基于以上五个原则,从选择充电基础设施用户满意度的评价指标出发,构建了多层次评价模型,进行了问卷调研并对问卷信度和效度进行了分析,最后对充电基础设施进行了评价,为未来充电基础设施的建设与改造提供了意见。

第一节 充电基础设施用户满意度的评价指标

用户满意,也称为顾客满意(Customer Satisfaction,CS),指的是顾客在使用产品或服务后,通过获得实际的感知体验,并与预期相比后,而形成的喜悦或失望的心理表现。顾客满意实际上是较为感性的词汇,但也可以通过方法工具加以测量并量化满意的水平,即形成了顾客满意度。为了将顾客满意度体系打造为综合评价的、适用于各类企业和行业的客观标准体系,相关学者创造了顾客满意度指数这一概念,通过建立顾客满意度模型,将顾客满意度指数与各个衡量指标进行关联,使顾客满意度这一感性指标可间接测量。

通过对充电基础设施相关领域的文献研究及总结，结合实地调研情况，首先建立充电基础设施建设用户满意度指标研究框架，总体上把影响电动汽车充电站用户满意度的因素分为六大类：充电站可获得性、充电站硬件设施、充电成本及支付、充电服务体验、充电桩自身功能和充电 App 实用性。

为了使各大类因素的子变量尽可能有效、全面，我们进行了专家访谈与用户调研，一方面剔除或者改进不适合当前国情的指标，另一方面根据目前运营现状适当扩充指标。专家访谈方面，我们对同济大学校外和校内的专家进行了采访调研。校外的专家包括上海汽车城充电数据中心专家、蔚来汽车的上海道路服务专员、蔚来汽车总部监控专员、特来电售后专员、星星充电售后专员。校内专家包括同济大学汽车学院相关方向的老师。用户调研方面，我们主要通过线上和线下两大途径，线下通过充电网点实际走访和用户使用行为访谈，线上通过 App 以及论坛等网络平台搜集用户的线上反馈信息，最后进行总结和归纳。

一、充电站可获得性指标

充电站可获得性指标主要用来表征用户是否能够方便地使用到充电站设施，该指标和充电站布局的合理性及充电桩本身运营开放情况相关。根据蔚来汽车的专家访谈结果，从宏观分布层面来讲，目前几个一线城市（如北京和上海）充电站布局日渐完善，充电站服务半径在向 1km 范围靠近，但是对于二三线及以下城市，充电站数量很少，布局缺乏系统性规划，电动汽车用户使用体验极差。而在城市范围中去看，实际情况是充电站的布局只是考虑配套设施的因素，缺乏在城市总体规划层面进行考量，大多数充电站选址在小区、商圈、高校等地，这些充电站依靠现有的停车场运营，提供专用车位。而在如外环等人口密度相对较小的地方，由于相关商圈、高校也较少，因此充电站的密度也相对稀疏，这种情况短时间内也难以得到较大改进。而在电动汽车的车位上，可能因为缺乏专人管理，导致燃油车违规停放车，电动汽车驾驶员的可用车位便会减少，需要等待的时间增加，可获得性下降。

二、充电站硬件设施指标

单个充电站硬件设施指标主要用来表征充电站的硬件能力表现，快充充电桩比例、充电桩故障率、电网供电能力都影响着充电站的基础硬件水平。根据特来电公司以及星星充电公司的售后专员访谈结果，在硬件设施建设方面，影响用户体验的主要是充电桩的故障率以及充电桩的个数。输出电流大小方面，当同一个充电站用户较多的时候，由于充电站有负荷的限制，因此会优先满足先到客户的功率需求，所以电网供电能力在充电高峰时会对充电桩输出功率造成限制。同时，部分充电桩"一桩两枪"，两个充电枪同时使用的时候，单个充电枪的电流也会有一定程度下降。

三、充电成本及支付指标

充电成本及支付指标表征用户使用充电站充电服务中所支付的费用和支付方式的便捷程度，其中支付的费用包括：充电费、服务费、停车费。根据实地调研结果，在使用费用方面，虽然停车费大多数是由充电站所在的商场或者小区的停车场制定，但却是通过充电站公司向用户间接收取，在用户看来过高的停车费用也会对使用体验造成较大影响。电费和服务费按照用户充电度数计价,而停车费按照用户停车时长计价。充电站公司因此应该合理地选取合作单位,并尽可能通过谈判来降低相关费用。

四、充电服务体验指标

充电服务体验指标主要表征用户在充电服务使用过程中的感知体验,主要体现在用户和充电设备的交互体验以及充电桩工作人员的服务水平两大方面。用户和充电设备的交互体验主要包括充电桩的故障率、充电桩操作指引是否明确等因素;充电桩工作人员的服务水平主要包括工作人员对充电站的管理水平以及其解决用户问题的能力等。

五、充电桩自身功能指标

充电桩自身功能指标涉及充电桩的桩体、桩线、安全功能设计等因素。这些因素影响着用户在使用充电桩过程中的操作便利程度以及安全性。此处的安全功能主要涉及过压过流保护、用户信息安全等方面。根据用户反映,部分充电桩由于充电枪头老化,导致反应不灵敏,出现"跳电"现象。

六、充电 App 实用性指标

充电 App 实用性指标表征 App 界面与用户的交互能力,包括信息的准确度以及易理解度等。根据同济大学相关方向老师的访谈结果,App 建设水平主要可通过数据响应的快慢来体现。例如,以前经常出现用户已经还车,但是 App 上却显示仍未还车的现象。有时候 App 还会出现充电站网点定位不明确、导航不精准的情况,并且会出现 App 上可用充电桩与实际可用充电桩数量不一致。因此,App 响应的精准性也是充电站公司用户沟通能力的体现。

第二节 多层次评价模型的建立

根据文献分析、专家访谈、实地调研,进行层次分析模型构建。该模型最终能够给单个电动汽车充电站的用户满意度评分并且为数量较多的充电站用户满意度排序。

层次结构主要分为两层:目标层和准测层。目标层即为充电站用户满意度。准测层又分为两层:第一层为大类评分指标,这是宏观上影响用户体验的主要几个方面;第二层为子准则层,即大类评分指标的各个子变量,这些变量可以通过具体的调研数据进行量化,使得满意度评价的科学性与精确性大大提高。

首先确定出评价模型的一级指标和二级指标。一级指标有 6 个,包括:充电站可获得性、充电站硬件设施、充电成本及支付、充电服务体验、充电桩自身功能和充电 App 实用性。二级指标包括 31 个,充电站可获得性下有 5 个二级指标,分别是充电可达性、布局密度、违停率、开放时间和充电桩个数;充电站硬件设施下有 5 个二级指标,分别是快充桩比例、充电桩老化程度、网络信号覆盖度、充电桩智能化程度和车辆适配度;充电成本及支付下有 4 个二级指标,分别是停车费用、电费价格、服务费用和支付方式;充电服务体验下有 5 个二级指标,分别是周围设施完善度、充电桩故障率、售后服务态度、售后解决能力和管理水平;充电桩自身功能下有 7 个二级指标,分别是身份识别、屏幕可读性、充电模式、安全功能、充电桩桩体设计、充电桩枪线设计和操作提示;充电 App 实用性下有 5 个二级指标,分别是易理解度、交互能力、信息安全度、界面设计和安全性。

最终,确定充电基础设施用户满意度评价模型的层次结构见表3-1。

充电基础设施用户满意度评价模型的层次结构　　　　表3-1

目 标 层	一 级 指 标	二 级 指 标
充电基础设施评价指标	1 充电站可获得性	1.1 充电可达性
		1.2 布局密度
		1.3 违停率
		1.4 开放时间
		1.5 充电桩个数
	2 充电站硬件设施	2.1 快充桩比例
		2.2 充电桩老化程度
		2.3 网络信号覆盖度
		2.4 充电桩智能化程度
		2.5 车辆适配度
	3 充电成本及支付	3.1 停车费用
		3.2 电费价格
		3.3 服务费用
		3.4 支付方式
	4 充电服务体验	4.1 周围设施完善度
		4.2 充电桩故障率
		4.3 售后服务态度
		4.4 售后解决能力
		4.5 管理水平
	5 充电桩自身功能	5.1 身份识别
		5.2 屏幕可读性
		5.3 充电模式
		5.4 安全功能
		5.5 充电桩桩体设计
		5.6 充电桩枪线设计
		5.7 操作提示
	6 充电App实用性	6.1 易理解度
		6.2 交互能力
		6.3 信息安全度
		6.4 界面设计
		6.5 安全性

第三节 问卷调研

　　问卷调研是通过制订详细周密的问卷,要求被调查者据此进行回答以收集资料的方法。问卷是一组与研究目标有关的问题,或者说是一份为进行调查而编制的问题表格,又称调查表。它是人们在社会调查研究活动中用来收集资料的一种常用工具。调研人员借助这一工具对社会活动过程进行准确、具体地测定,并应用社会学统计方法进行定量地描述和分析,获取所需要的调查资料。

　　此方法的优点是可以进行大规模的调查,且调查结果容易量化,同时相比用户访谈省时省力省经费。现在还有大量的相关统计分析软件可以帮助进行数据分析,有些甚至能直接帮助设计问卷,方便实施和分析,也方便进行数据挖掘。

　　此方法的缺点是不够深入,并且问卷在设计上很大程度会左右用户的回答,所以设计一份合理的问卷直接决定了问卷调研的质量。一份优秀的问卷主要包含两个因素:篇幅与问题类型。通常问卷不适合回答超过 15min,并且设置的题目应尽量具体、不空洞。在问题设置上也要尽量避免使用封闭式的问题(提供多个选项,与选择题相似),因为这类问题很容易诱导被调研者,从而产生不准确的结论。

　　而电动汽车充电基础设施用户满意度模型需要使用大量用户调研结果,确定各个指标的权重,并且需要用户对各个指标进行满意度评分。因此本文采用问卷调研的方式,为之后的研究提供数据支撑。

一、问卷设计

　　基于文献研究、专家访谈和实地调研等定性研究后,确定了影响用户满意度的各级指标,为了进一步研究指标间相互关系及各指标在满意度评价体系中的权重,项目采用了用户调研作为定量研究中的数据收集方法,来收集第一手资料,为之后的研究提供数据基础。

　　项目所涉及的用户调研方面的数据源于线上和线下的问卷调查。按照项目要求,选取了上海、杭州、深圳和大连作为调研问卷的投放城市,开展电动汽车充电基础设施用户满意度研究,问卷的规模在 1500 份以上,问卷调查分为两个部分展开。

　　第一部分是让用户对常用充电桩的客观表现进行评估,选取符合条件的选项。第二部分是让用户对具体充电桩针对各个二级指标进行满意度评价,采用李克特七分量表法,1 分代表完全不满意,7 分代表完全满意。

　　以充电站可获得性一级指标为例,第一部分让用户对常用充电站可获得性的客观表现进行评估,具体内容见表 3-2;第二部分让用户根据结果,对充电站可获得性下的二级指标进行满意度评分,具体内容见表 3-3。

常用公共充电站/桩表现复选　　　　　　　　　　表 3-2

	充电可达性	可以迅速且准确得找到充电站的具体位置	1
	布局密度	周围的充电站数量充足、布局合理	2
充电站可获得性	违停率	充电站内燃油车强占充电车位的次数不多	3
	开放时间	充电站的开放时间较长,满足日常充电需求	4
	充电桩个数	充电站内的充电桩数量充足,满足日常充电需求	5

常用公共充电站/桩满意度得分　　　　　表 3-3

指 标		完全不满意--------------非常满意					
		1	2	3	4	5	6	7
1	充电可达性							
2	布局密度							
3	违停率							
4	开放时间							
5	充电桩个数							

二、问卷执行情况

调研共发放1600余份问卷,回收有效问卷1562份,有效问卷回收率高于93%。考虑到数据统计及分析的便利性以及各城市问卷量的平衡,最终选取其中1500份有效问卷作为数据分析的基础。其中,上海431份、深圳360、杭州351份、大连358份。调查对象包括吉利、比亚迪、荣威等传统品牌的电动汽车车主,以及蔚来、小鹏等造车新势力品牌的电动汽车车主,涉及品牌20余个。对1500份问卷的满意度评分类题目进行描述性统计,结果见表3-4。可见,用户对各指标满意度评分均值介于5～6分之间。接下来进行问卷信度效度分析,检验问卷指标是否合理,以及结果是否可靠。

描述性统计分析结果　　　　　表 3-4

指 标	最 大 值	最 小 值	平 均 值	标 准 差	中 位 数
1.1	7	1	5.48	1.10	6
1.2	7	2	5.66	1.05	6
1.3	7	1	5.40	1.30	6
1.4	7	1	5.53	1.25	6
1.5	7	1	5.50	1.23	6
2.1	7	2	5.40	1.09	5
2.2	7	1	5.51	1.18	6
2.3	7	1	5.72	1.10	6
2.4	7	1	4.59	1.21	6
2.5	7	2	5.44	1.16	6
3.1	7	1	5.46	1.29	6
3.2	7	1	5.36	1.12	6
3.3	7	1	5.38	1.18	6
3.4	7	1	5.59	1.12	6
4.1	7	1	5.39	1.24	6
4.2	7	1	5.47	1.16	6

续上表

指标	最大值	最小值	平均值	标准差	中位数
4.3	7	1	5.52	1.23	6
4.4	7	1	5.15	1.23	5
4.5	7	2	5.33	1.25	6
5.1	7	1	5.42	1.29	5
5.2	7	1	4.98	1.19	6
5.3	7	1	5.47	1.19	6
5.4	7	1	5.40	1.14	6
5.5	7	1	5.57	1.09	6
5.6	7	1	5.42	1.20	6
5.7	7	2	5.67	1.04	6
6.1	7	2	5.61	1.07	6
6.2	7	1	5.34	1.10	5
6.3	7	2	5.49	1.12	6
6.4	7	1	5.57	1.13	6
6.5	7	1	5.49	1.11	6

第四节 问卷信度效度分析

一、信度分析

信度(Reliability)考察的是被测题项及回收结果的统一性、可信度及稳定程度。统一性主要体现了不同题项的所有样本回答结果是否反映了相同维度的内容一致性,可信度主要体现了样本是否正常回答了相关题项,稳定程度体现的则是样本回答在时间上的稳定性,比如若多次展开内容相同的测量,回答结果偏差是否较大。当建立结构方程模型所使用的数据是由直接调查得到的结果,为保证后续的模型验证研究具有价值,信度分析是前提步骤。在进行问卷调研时,调查的信度可能会被些许因素干扰,如被访者的特征组成、问卷内容的长度以及问卷的主观作答难度等。

克隆巴赫系数(Cronbach α)是美国教育学家克隆巴赫在1951年提出的,这种方法由于测量过程更为慎重合理,在反映问卷数据的统一性方面优势更为明显,因此,在统计分析时最常被用来进行信度分析。α 系数高于0.8,说明信度高;α 系数介于0.7~0.8之间,说明信度较好;α 系数介于0.6~0.7,说明信度可接受;α 系数小于0.6,说明信度不佳。因此,指标 α 系数需在0.6以上。校正后,项目与总分相关性分析项之间的相关系数通常大于0.4即可。项目删除后的克隆巴赫系数应小于标准化克隆巴赫系数(Cronbach α),否则,说明该项目信度较整体信度偏低,应予以删除。

各指标信度分析及汇总结果见表 3-5 ~ 表 3-17。

充电站可获得性信度统计　　　　　　　　　　　　　　　　表 3-5

克隆巴赫系数	基于标准化项目的克隆巴赫系数	项　数
0.611	0.618	5

充电站可获得性项目总计统计　　　　　　　　　　　　　　表 3-6

指　标	删除项目后的信度平均值	删除项目后的信度方差	校正后项目与总分相关性	平方多重相关	项目删除后的克隆巴赫系数
充电可达性	22.085	10.045	0.471	0.161	0.601
布局密度	21.913	9.775	0.450	0.215	0.613
违停率	22.170	9.864	0.584	0.117	0.603
开放时间	22.037	9.406	0.580	0.159	0.611
充电桩个数	22.075	9.563	0.464	0.158	0.598

充电站硬件设施信度统计　　　　　　　　　　　　　　　　表 3-7

克隆巴赫系数	基于标准化项目的克隆巴赫系数	项　数
0.657	0.658	4

充电站硬件设施项目总计统计　　　　　　　　　　　　　　表 3-8

指　标	删除项目后的信度平均值	删除项目后的信度方差	校正后项目与总分相关性	平方多重相关	项目删除后的克隆巴赫系数
快充桩比例	16.562	6.457	0.533	0.286	0.526
充电桩老化程度	16.453	6.201	0.512	0.279	0.535
充电桩智能化程度	16.523	6.436	0.444	0.268	0.584
车辆适配度	16.350	7.517	0.476	0.109	0.643

注:网络信号覆盖度指标删除。

充电成本及支付信度统计　　　　　　　　　　　　　　　　表 3-9

克隆巴赫系数	基于标准化项目的克隆巴赫系数	项　数
0.727	0.724	4

充电成本及支付项目总计统计　　　　　　　　　　　　　　表 3-10

指　标	删除项目后的信度平均值	删除项目后的信度方差	校正后项目与总分相关性	平方多重相关	项目删除后的克隆巴赫系数
停车费用	16.323	7.277	0.466	0.227	0.695
电费价格	16.428	7.627	0.537	0.292	0.649
服务费用	16.408	7.213	0.568	0.323	0.629
支付方式	16.195	7.873	0.489	0.256	0.676

第三章 充电基础设施运行评价

充电服务体验信度统计　　　　　　　　　　　　　　　　　表 3-11

克隆巴赫系数	基于标准化项目的克隆巴赫系数	项　数
0.639	0.641	4

充电服务体验项目总计统计　　　　　　　　　　　　　　　表 3-12

指　标	删除项目后的信度平均值	删除项目后的信度方差	校正后项目与总分相关性	平方多重相关	项目删除后的克隆巴赫系数
周围设施完善度	15.957	8.129	0.452	0.069	0.614
充电桩故障率	15.877	7.227	0.463	0.250	0.541
售后解决能力	16.197	6.820	0.488	0.282	0.520
管理水平	16.019	6.719	0.491	0.250	0.517

注：售后服务态度指标删除。

充电桩自身功能信度统计　　　　　　　　　　　　　　　　表 3-13

克隆巴赫系数	基于标准化项目的克隆巴赫系数	项　数
0.733	0.727	7

充电桩自身功能项目总计统计　　　　　　　　　　　　　　表 3-14

指　标	删除项目后的信度平均值	删除项目后的信度方差	校正后项目与总分相关性	平方多重相关	项目删除后的克隆巴赫系数
身份识别	32.512	18.443	0.559	0.409	0.673
屏幕可读性	32.946	19.005	0.434	0.273	0.705
充电模式	32.465	18.604	0.541	0.369	0.678
安全功能	32.526	18.221	0.620	0.435	0.660
充电桩桩体设计	32.357	19.987	0.449	0.286	0.701
充电桩枪线设计	32.513	19.375	0.451	0.310	0.700

注：操作提示指标删除。

充电 App 实用性信度统计　　　　　　　　　　　　　　　　表 3-15

克隆巴赫系数	基于标准化项目的克隆巴赫系数	项　数
0.699	0.698	5

充电 App 实用性项目总计统计　　　　　　　　　　　　　　表 3-16

指　标	删除项目后的信度平均值	删除项目后的信度方差	校正后项目与总分相关性	平方多重相关	项目删除后的克隆巴赫系数
易理解度	21.888	10.140	0.587	0.189	0.676
交互能力	22.167	9.795	0.426	0.206	0.661
信息全面度	22.008	9.131	0.525	0.299	0.619
界面设计	21.932	9.379	0.473	0.273	0.641
安全性	22.015	9.539	0.459	0.257	0.648

各指标信度汇总　　　　　　　　　　　表3-17

指　标	校正项总计相关性（CITC）	项目已删除的α系数	α 系　数
1.1	0.471	0.601	0.618
1.2	0.450	0.613	
1.3	0.584	0.603	
1.4	0.580	0.611	
1.5	0.464	0.598	
2.1	0.533	0.526	0.658
2.2	0.512	0.535	
2.3	删除		
2.4	0.444	0.584	
2.5	0.444	0.584	
3.1	0.466	0.695	0.724
3.2	0.537	0.649	
3.3	0.568	0.629	
3.4	0.489	0.676	
4.1	0.463	0.541	0.641
4.2	0.488	0.520	
4.3	删除		
4.4	0.491	0.517	
4.5	0.452	0.614	
5.1	0.434	0.705	0.727
5.2	0.559	0.673	
5.3	0.541	0.678	
5.4	0.620	0.660	
5.5	0.449	0.701	
5.6	0.451	0.700	
5.7	删除		
6.1	0.587	0.676	0.698
6.2	0.426	0.661	
6.3	0.525	0.619	
6.4	0.473	0.641	
6.5	0.459	0.648	

2.3 网络信号覆盖度、4.3 售后服务态度和5.7 操作提示这三项二级指标不符合信度分析要求，应予以删除。

二、效度分析

效度(Validity)考察的是预设问卷中的测量题项对所研究问题或待研究变量的反映程度,即聚焦于问卷设计阶段的评价合理性。通常来讲,效度不存在绝对正确性这一概念,其只能反映相对的合理性。效度分析在实际操作中主要看两方面:一方面是内容效度(Content Validity),另一方面是构造效度(Construct Validity)。

内容效度主要是用来说明被测问题的内容是否贴切调查主题,亦可以理解为问卷内容是否足够合理。具体可以体现为所要研究的内容是否较充分地被涵盖在内,以及选定的指标变量分配是否合理。在判定内容效度是否合规时,主要是通过专家判定来实现的,即通过征集专业学者的意见,来确定相关测量变量及指标体系。因本研究的调查问卷设计是建立在文献研究和专家访谈的基础上的,所以可以认为本研究具备良好的内容效度。

构造效度也称结构效度,反映了测量题项对抽象变量反映或描述的程度,实际上代表了是否合理地将理论应用到调研测量过程中。结构效度常用因子分析法来评判,因子分析法分为两种:一种是探索性因子分析法,另一种是验证性因子分析法。前者的目的是对自建的量表进行统计性分析,假定提前预设好的变量与指标匹配,再通过专业方法求解出因子载荷,判断是否满足特定值,从而对原有指标进行保留或剔除。后者是事先默许了所假设的模型成立及其中变量间的相互关系,然后通过验证路径关系、观测相关系数来判断假设是否成立。Anderson J C 和 Gerbing D W 建议,在研究新问题时,应当采用二者结合的方式来进行效度分析,即首先探索指标是否成立并确定初步模型,再通过验证性分析对原有模型进行验证并开展修正工作。因此本研究针对指标的效度分析,将先后利用这两种方式,以保证结果的可信度。

利用 SPSS 软件对 1500 份样本展开探索性因子的效度分析,在这里采用主成分因子法。在展开主成分因子分析前,需要对数据指标展开相关性分析,若因子相关性较强,则适合做因子分析。统计学常用 KMO 值和 Bartlett 值做检验,KMO 值越接近 1、Bartlett 值小于或等于 0.01,越适合做因子分析。若 KMO 值在 0.9 以上,非常适合做因子分析;0.8~0.9,很适合做因子分析;0.7~0.8,适合做因子分析;0.6~0.7,基本适合做因子分析;0.5~0.6,很勉强可以做因子分析;0.5 以下,不适合做因子分析。因此,KMO 值应大于 0.6,才能符合效度要求。另外,按照 Hair 等人的做法,因子载荷低于 0.5 的指标要予以删除。

在 SPSS 软件里对于样本数据的 6 个一级指标运算 KMO 值和 Bartlett 值,并判断各个一级指标下的二级指标因子载荷是否满足要求。最后再用 AMOS 软件进行验证性因子分析,通过计算出的模型拟合度指标来判断。其中常用的拟合度指标及要求如下。

(1) x^2 值:x^2 值是评估模型拟合效果最为基础的指标,该值代表了实际数据分布情况与理想或假设分布情况之间的区别程度,一般认为 x^2 越小模型拟合效果越佳。但随着相关研究的深入,单凭 x^2 来评判模型拟合效果存在一定弊端,由于该值的大小受样本量多少的干扰,因此需要借助其他拟合指标来共同判断。

(2) x^2/自由度:在进行模型估计时,x^2 与模型自由度越接近越好,因此该值越小越好。相关研究证明,该值在 3 以下即可认为模型的效果佳。

(3) 拟合优度指数(Goodness-of-Fit Index,GFI):该指数的临界值为 0 和 1,当接近 1 时,

代表拟合效果好。通常情况下,该值达到0.9认为拟合效果优异,但也有相关学者指出该值过于苛刻,达到0.8便能证明效果可以接受。

(4)调整后拟合优度指数(Adjusted Goodness-of-Fit Index,AGFI):对GFI进行一些优化调节步骤使整体模型拟合效果更佳,从而得到了新的拟合指数AGFI,该值若大于0.8,则认为效果可接受。

(5)标准拟合度指标(Normed Fit Index,NFI):通常大于0.9即认为可用。

(6)对比拟合度指标(Comparative Fit Index,CFI):该指标相较于标准拟合度指标经过了优化调整,此指标的值必须超过0.9。

(7)均方根残差(Standardized Root Mean Square Residual,RMR):该值的目的是用来衡量运算值与理想值之间的区别程度,该值不能大于0.05。

(8)近似均方根残差(Root Mean Square Error of Approximation,RMSEA):该值与RMR意义大致相同,也是为了评价差异程度,通常该值不能超过0.08。

下文分别对该研究的各个一级指标进行探索性因子分析和验证性因子分析。

(一)充电站可获得性效度分析

1. 探索性因子分析

对充电站可获得性相关题项运算的KMO和Bartlett值见表3-18。该指标共有5个题项,运算结果中KMO值为0.700,Bartlett球形度检验的显著性结果为0.000,可以进行因子分析。

充电站可获得性的KMO值和Bartlett值　　　表3-18

KMO 运算结果		0.700
Bartlett 的球形度检验	上次读取的卡方	760.932
	自由度	10
	显著性	0

进行主成分分析,对5个因子进行主成分提取,见表3-19,只提取出了一个特征值大于1的主成分,累计贡献率约40%。

充电站可获得性各因子总方差解释　　　表3-19

组件	初始特征值			提取载荷平方和		
	总计	方差百分比(%)	累积百分比(%)	总计	方差百分比(%)	累积百分比(%)
1	1.990	39.791	39.791	1.990	39.791	39.791
2	0.942	18.841	58.631	0.942	18.841	58.631
3	0.798	15.963	74.594	0.798	15.963	74.594
4	0.672	13.442	88.036	0.672	13.442	88.036
5	0.598	11.964	100.000	0.598	11.964	100.000

提取方法:主成分分析

结合各因子的成分矩阵(表3-20),可以看出各因子的载荷均大于0.5,各二级指标均予以保留。

充电站可获得性因子载荷   表3-20

充电站可获得性因子	因 子 载 荷	充电站可获得性因子	因 子 载 荷
充电可达性	0.635	开放时间	0.640
布局密度	0.704	充电桩个数	0.637
违停率	0.525		

2. 验证性因子分析

在完成上述探索性因子分析后,可以初步确定充电站可获得性各个因子指标的选取是有效的。接下来运用 AMOS 软件展开验证性因子分析,通过直观地计算观测变量与潜变量之间的路径载荷,并观察相关拟合度指标是否满足要求,可以实现设定因子的效度检验。将充电站可获得性这一潜变量及其 5 个观测变量导入 AMOS 软件中进行分析,拟合度指标见表 3-21。可以看出,各项拟合指标皆满足要求,代表验证性因子分析效果较好。

至此,说明充电站可获得性各项指标效度较好,可以进行后续研究。

充电站可获得性验证性因子分析的拟合度指标   表3-21

模型名称	x^2	x^2/df	GFI	AGFI	NFI	CFI	RMR	RMSEA
评价标准	越小越好	<3	>0.9	>0.8	>0.9	>0.9	<0.05	<0.08
模型计算值	10.605	2.121	0.997	0.992	0.992	0.996	0.018	0.027

(二) 充电站硬件设施效度分析

1. 探索性因子分析

对充电站硬件设施相关题项运算的 KMO 和 Bartlett 值见表3-22。该指标共有 4 个题项,运算结果中 KMO 值为 0.691,Bartlett 球形度检验的显著性结果为 0.000,可以进行因子分析。

充电站硬件设施的 KMO 值和 Bartlett 值   表3-22

KMO 取样适切性量数		0.691
Bartlett 的球形度检验	上次读取的卡方	1028.118
	自由度	10
	显著性	0

进行主成分分析,对 4 个因子进行主成分提取,见表3-23,只提取出了一个特征值大于1的主成分,累计贡献率约63%。

充电站硬件设施各因子总方差解释   表3-23

组件	初始特征值			提取载荷平方和		
	总计	方差百分比(%)	累积百分比(%)	总计	方差百分比(%)	累积百分比(%)
1	2.078	62.883	62.883	2.078	62.883	62.883
2	0.765	15.295	78.178	0.765	15.295	78.178
3	0.573	11.455	89.633	0.573	11.455	89.633
4	0.518	10.367	100.000	0.518	10.367	100.00
提取方法:主成分分析						

结合各因子的成分矩阵(表3-24),可以看出各因子的载荷均大于0.5,各二级指标均予以保留。

充电站硬件设施因子载荷 表3-24

充电站硬件设施因子	因子载荷	充电站硬件设施因子	因子载荷
快充桩比例	0.768	充电桩智能化程度	0.703
充电桩老化程度	0.753	车辆适配度	0.543

2. 验证性因子分析

在完成上述探索性因子分析后,可以初步确定充电桩硬件设施各个因子指标的选取是有效的。接下来运用 AMOS 软件展开验证性因子分析,通过直观地计算观测变量与潜变量之间的路径载荷,并观察相关拟合度指标是否满足要求,可以实现设定因子的效度检验。将充电桩硬件设施这一潜变量及其4个观测变量导入 AMOS 软件中进行分析,拟合度指标见表3-25。可以看出,各项拟合指标皆满足要求,代表验证性因子分析效果较好。

至此,说明充电桩硬件设施各项指标效度较好,可以进行后续研究。

充电站硬件设施验证性因子分析的拟合度指标 表3-25

模型名称	x^2	x^2/df	GFI	AGFI	NFI	CFI	RMR	RMSEA
评价标准	越小越好	<3	>0.9	>0.8	>0.9	>0.9	<0.05	<0.08
模型计算值	28.684	2.206	0.994	0.988	0.990	0.994	0.017	0.028

(三)充电成本及支付效度分析

1. 探索性因子分析

对充电成本及支付相关题项运算的 KMO 和 Bartlett 值见表3-26。该指标共有4个题项,运算结果中 KMO 值为0.752,Bartlett 球形度检验的显著性结果为0.000,可以进行因子分析。

充电成本及支付的 KMO 值和 Bartlett 值 表3-26

KMO 取样适切性量数		0.752
Bartlett 的球形度检验	上次读取的卡方	1148.327
	自由度	6
	显著性	0

进行主成分分析,对4个因子进行主成分提取,见表3-27,只提取了一个特征值大于1的主成分,累计贡献率约55%。

充电成本及支付各因子总方差解释 表3-27

组件	初始特征值			提取载荷平方和		
	总计	方差百分比(%)	累积百分比(%)	总计	方差百分比(%)	累积百分比(%)
1	2.201	55.031	55.031	2.201	55.031	55.031
2	0.701	17.531	72.562	0.701	17.531	72.562
3	0.567	14.172	86.734	0.567	14.172	86.734
4	0.531	13.266	100.000	0.531	13.266	100.00
提取方法:主成分分析						

结合各因子的成分矩阵(表3-28),可以看出各因子的载荷均大于0.5,各二级指标均予以保留。

充电成本及支付因子载荷　　　表3-28

充电站硬件设施因子	因子载荷	充电站硬件设施因子	因子载荷
停车费用	0.695	服务费用	0.785
电费价格	0.762	支付方式	0.723

2. 验证性因子分析

在完成上述探索性因子分析后,可以初步确定充电成本及支付各个因子指标的选取是有效的。接下来运用 AMOS 软件展开验证性因子分析,通过直观地计算观测变量与潜变量之间的路径载荷,并观察相关拟合度指标是否满足要求,可以实现设定因子的效度检验。将充电成本及支付这一潜变量及其4个观测变量导入 AMOS 软件中进行分析,拟合度指标见表3-29。可以看出,各项拟合指标皆满足要求,代表验证性因子分析效果较好。

至此,说明充电成本及支付各项指标效度较好,可以进行后续研究。

充电成本及支付验证性因子分析的拟合度指标　　　表3-29

模型名称	x^2	x^2/df	GFI	AGFI	NFI	CFI	RMR	RMSEA
评价标准	越小越好	<3	>0.9	>0.8	>0.9	>0.9	<0.05	<0.08
模型计算值	14.712	2.102	0.998	0.994	0.992	0.996	0.032	0.031

(四)充电服务体验效度分析

1. 探索性因子分析

对充电服务体验相关题项运算的 KMO 和 Bartlett 值见表3-30。该指标共有4个题项,运算结果中 KMO 值为0.694,Bartlett 球形度检验的显著性结果为0.000,可以进行因子分析。

充电服务及体验的 KMO 值和 Bartlett 值　　　表3-30

KMO 取样适切性量数		0.694
Bartlett 的球形度检验	上次读取的卡方	834.330
	自由度	6
	显著性	0

进行主成分分析,对4个因子进行主成分提取,见表3-31,只提取了一个特征值大于1的主成分,累计贡献率约49%。

充电服务体验各因子总方差解释　　　表3-31

总方差解释						
组件	初始特征值			提取载荷平方和		
	总计	方差百分比(%)	累积百分比(%)	总计	方差百分比(%)	累积百分比(%)
1	1.961	49.024	49.024	1.961	49.024	49.024
2	0.893	22.326	71.349	0.893	22.362	71.349
3	0.609	15.231	86.580	0.609	15.231	86.580
4	0.537	13.420	100.000	0.537	13.420	100.00
提取方法:主成分分析						

结合各因子的成分矩阵(表3-32),可以看出各因子的载荷均大于0.5,各二级指标均予以保留。

充电服务体验因子载荷　　　　　　　　　　　表3-32

充电服务体验因子	因子载荷	充电服务体验因子	因子载荷
周围设施完善度	0.468	售后解决能力	0.775
充电桩故障率	0.750	管理水平	0.761

2. 验证性因子分析

在完成上述探索性因子分析后,可以初步确定充电服务体验各个因子指标的选取是有效的。接下来运用AMOS软件展开验证性因子分析,通过直观地计算观测变量与潜变量之间的路径载荷,并观察相关拟合度指标是否满足要求,可以实现设定因子的效度检验。将充电服务体验这一潜变量及其4个观测变量导入AMOS软件中进行分析,可以看到原始模型的部分拟合度指标不符合要求。按照AMOS的模型修正建议,将充电桩故障率和周围设施完善度残差增加相关性,并再次拟合,可以看到修正后的模型拟合度较好。拟合度指标见表3-33。可以看出,各项拟合指标皆满足要求,代表验证性因子分析效果较好。

至此,说明充电服务体验各项指标效度较好,可以进行后续研究。

充电服务体验验证性因子分析的拟合度指标　　　　　表3-33

模型名称	x^2	x^2/df	GFI	AGFI	NFI	CFI	RMR	RMSEA
评价标准	越小越好	<3	>0.9	>0.8	>0.9	>0.9	<0.05	<0.08
原有模型计算值	33.871	3.763	0.969	0.927	0.945	0.958	0.051	0.087
修正模型计算值	20.110	2.514	0.981	0.951	0.967	0.980	0.042	0.064

(五)充电桩自身功能效度分析

1. 探索性因子分析

对充电桩自身功能相关题项运算的KMO和Bartlett值见表3-34。该指标共有6个题项,运算结果中KMO值为0.771,Bartlett球形度检验的显著性结果为0.000,可以进行因子分析。

充电桩自身功能的KMO值和Bartlett值　　　　　表3-34

KMO取样适切性量数		0.771
Bartlett的球形度检验	上次读取的卡方	2352.749
	自由度	21
	显著性	0

进行主成分分析,对6个因子进行主成分提取,见表3-35,只提取出了一个特征值大于1的主成分,累计贡献率约55%。

充电桩自身功能各因子总方差解释　　　　　　　　　表 3-35

组件	初始特征值			提取载荷平方和		
	总计	方差百分比(%)	累积百分比(%)	总计	方差百分比(%)	累积百分比(%)
1	2.858	55.078	55.078	2.858	55.078	55.078
2	0.964	13.772	68.850	0.964	13.772	68.850
3	0.825	11.787	80.637	0.825	11.787	80.637
4	0.495	7.065	87.701	0.495	7.065	87.701
5	0.447	6.388	94.089	0.447	6.388	94.089
6	0.414	5.911	100.000	0.414	5.911	100.00

提取方法:主成分分析

结合各因子的成分矩阵(表3-36),可以看出各因子的载荷均大于0.5,各二级指标均予以保留。

充电桩自身功能因子载荷　　　　　　　　　表 3-36

充电桩自身功能因子	因子载荷	充电桩自身功能因子	因子载荷
身份识别	0.748	安全功能	0.790
屏幕可读性	0.602	充电桩桩体设计	0.631
充电模式	0.729	充电桩枪线设计	0.607

2. 验证性因子分析

在完成上述探索性因子分析后,可以初步确定充电桩自身功能各个因子指标的选取是有效的。接下来运用 AMOS 软件展开验证性因子分析,通过直观地计算观测变量与潜变量之间的路径载荷,并观察相关拟合度指标是否满足要求,可以实现设定因子的效度检验。将充电桩自身功能这一潜变量及其6个观测变量导入 AMOS 软件中进行分析,拟合度指标见表3-37。可以看出,各项拟合指标皆满足要求,代表验证性因子分析效果较好。

至此,说明充电桩自身功能各项指标效度较好,可以进行后续研究。

充电桩自身功能验证性因子分析的拟合度指标　　　　　　　　　表 3-37

模型名称	x^2	x^2/df	GFI	AGFI	NFI	CFI	RMR	RMSEA
评价标准	越小越好	<3	>0.9	>0.8	>0.9	>0.9	<0.05	<0.08
模型计算值	12.042	2.408	0.988	0.963	0.972	0.983	0.027	0.062

(六)充电 App 实用性效度分析

1. 探索性因子分析

对充电 App 相关题项运算的 KMO 和 Bartlett 值见表3-38。该指标共有5个题项,运算结果中 KMO 值为 0.720,Bartlett 球形度检验的显著性结果为0,可以进行因子分析。

充电 App 实用性的 KMO 值和 Bartlett 值　　　表 3-38

KMO 取样适切性量数		0.720
Bartlett 的球形度检验	上次读取的卡方	1228.845
	自由度	10
	显著性	0

进行主成分分析，对 5 个因子进行主成分提取，见表 3-39，只提取出了一个特征值大于 1 的主成分，累计贡献率约 45%。

充电 App 实用性各因子总方差解释　　　表 3-39

组件	初始特征值			提取载荷平方和		
	总计	方差百分比(%)	累积百分比(%)	总计	方差百分比(%)	累积百分比(%)
1	2.272	45.445	45.445	2.272	45.445	45.445
2	0.878	17.562	63.006	0.878	17.562	63.006
3	0.792	15.841	78.848	0.792	15.841	78.848
4	0.564	11.288	90.135	0.564	11.288	90.135
5	0.493	9.865	100.000	0.493	9.865	100.00

提取方法：主成分分析

结合各因子的成分矩阵（表 3-40），可以看出各因子的载荷均大于 0.5，各二级指标均予以保留。

充电 App 实用性因子载荷　　　表 3-40

充电 App 因子	因子载荷	充电 App 因子	因子载荷
易理解度	0.603	界面设计	0.698
交互能力	0.643	安全性	0.679
信息全面度	0.740		

2. 验证性因子分析

在完成上述探索性因子分析后，可以初步确定充电 App 实用性各个因子指标的选取是有效的。接下来运用 AMOS 软件展开验证性因子分析，通过直观地计算观测变量与潜变量之间的路径载荷，并观察相关拟合度指标是否满足要求，可以实现设定因子的效度检验。将充电 App 这一潜变量及其 5 个观测变量导入 AMOS 软件中进行分析，拟合度指标见表 3-41。可以看出，各项拟合指标皆满足要求，代表验证性因子分析效果较好。

至此，说明充电 App 实用性各项指标效度较好，可以进行后续研究。

充电 App 实用性验证性因子分析的拟合度指标　　　表 3-41

模型名称	x^2	x^2/df	GFI	AGFI	NFI	CFI	RMR	RMSEA
评价标准	越小越好	<3	>0.9	>0.8	>0.9	>0.9	<0.05	<0.08
模型计算值	24.335	2.704	0.996	0.973	0.974	0.982	0.025	0.051

(七) 总体满意度效度分析

1. 探索性因子分析

对总体满意度相关题项运算的 KMO 和 Bartlett 值见表 3-42。该指标共有 3 个题项，运算结果中 KMO 值为 0.743，Bartlett 球形度检验的显著性结果为 0.000，可以进行因子分析。

总体满意度的 KMO 值和 Bartlett 值　　　　表 3-42

KMO 取样适切性量数		0.743
Bartlett 的球形度检验	上次读取的卡方	2412.719
	自由度	3
	显著性	0

进行主成分分析，对 3 个因子进行主成分提取，见表 3-43，只提取出了一个特征值大于 1 的主成分，累计贡献率约 80%。

总体满意度各因子总方差解释　　　　表 3-43

组件	初始特征值			提取载荷平方和		
	总计	方差百分比(%)	累积百分比(%)	总计	方差百分比(%)	累积百分比(%)
1	2.424	80.785	80.785	2.424	80.785	80.785
2	0.315	10.504	91.289	0.315	10.504	91.289
3	0.261	8.711	100.000	0.261	8.711	100.000

提取方法：主成分分析

结合各因子的成分矩阵(表 3-44)，可以看出各因子的载荷均大于 0.5，各二级指标均予以保留。

总体满意度因子载荷　　　　表 3-44

总体满意度因子	因子载荷	总体满意度因子	因子载荷
总体	0.870	预期	0.667
抱怨	0.775		

2. 验证性因子分析

在完成上述探索性因子分析后，可以初步确定总体满意度各个因子指标的选取是有效的。接下来运用 AMOS 软件展开验证性因子分析，通过直观地计算观测变量与潜变量之间的路径载荷，并观察相关拟合度指标是否满足要求，可以实现设定因子的效度检验。将总体满意度这一潜变量及其 3 个观测变量导入 AMOS 软件中进行分析，拟合度指标见表 3-45。可以看出，各项拟合指标皆满足要求，代表验证性因子分析效果较好。

至此，说明总体满意度各项指标效度较好，可以进行后续研究。

总体满意度验证性因子分析的拟合度指标　　　　表 3-45

模型名称	x^2	x^2/df	GFI	AGFI	NFI	CFI	RMR	RMSEA
评价标准	越小越好	<3	>0.9	>0.8	>0.9	>0.9	<0.05	<0.08
模型计算值	20.152	1.832	0.992	0.978	0.964	0.995	0.021	0.057

(八)效度结果汇总

最终,对所有一级指标和二级指标的效度分析结果进行汇总,见表3-46,所有系数均符合要求,说明指标效度良好。

效度结果汇总　　　　　　　　　表3-46

指　标	因子载荷	α 系 数
1.1	0.704	00.700
1.2	0.640	
1.3	0.637	
1.4	0.635	
1.5	0.525	
2.1	0.768	0.691
2.2	0.753	
2.3		
2.4	0.703	
2.5	0.543	
3.1	0.785	0.752
3.2	0.762	
3.3	0.723	
3.4	0.695	
4.1	0.775	0.694
4.2	0.761	
4.3		
4.4	0.750	
4.5	0.452	
5.1	0.790	0.771
5.2	0.748	
5.3	0.729	
5.4	0.631	
5.5	0.607	
5.6	0.602	
5.7		
6.1	0.740	0.720
6.2	0.698	
6.3	0.679	
6.4	0.643	
6.5	0.603	

三、修正后的指标体系

经过信度分析和效度分析后,删除了2.3网络信号覆盖度、4.3售后服务态度以及5.7操作提示这三个二级指标,得到了修正后的指标体系如图3-1所示。此时,得到的评价指标较为全面且指标之间互相独立。

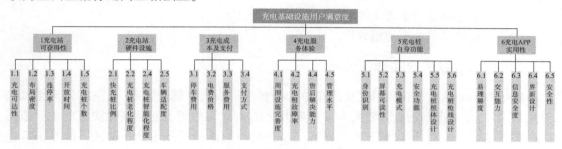

图3-1 修正后的指标体系

第五节 充电基础设施评价

本节基于设备综合效率理论,建立基于功率转化率、功率使用率、时间利用率的充电基础设施综合效率计算模型,对充电基础设施的使用情况作出评价。结合城市充电基础设施运营调研数据分析结果,以成本收益分析法为基础,提出基于盈亏平衡分析和敏感性分析的充电基础设施效益评价方法,构建电动汽车充换电经济效益理论分析框架,对充电基础设施的效益作出评价。

一、充电设施效率分析

电动汽车可用的充电技术有感应式无线充电技术、传导式充电桩技术和换电技术等。除了换电技术之外,其他主流充电设备的分类方法和类别见表3-47。

表3-47 充电设备分类

分类标准	充电设备	
充电电流	交流充电设备	直流充电设备
连接方式	有线充电设备	无线充电设备
安装位置	车载充电设备	非车载充电设备
电源供电	三相充电设备	单相充电设备

充电过程是电动汽车进入充电站,经过充电设备对汽车电池进行"加工充电",使电动汽车可以继续正常行驶。所以,充电站相当于一个加工生产线,而电动汽车相当于待加工的产品,因此充电设备与工业生产中的机械设备类似。故可以利用生产制造业中的设备综合效率(OEE)理论建立充电设备综合效率评价模型。设备综合效率(OEE)是表现实际的生产能力相对于理论产能的比例,它实际上反映了设备的综合性能,设备综合效率由三个性能指标组成,分别是设备时间开动率、性能开动率和合格品率。

根据电动汽车充电站的充电设备综合效率的三个主要影响因素(充电设备使用情况、充电设备自身功率的转化程度、电动汽车与充电设备的匹配程度),提出单台充电设备的综合效率见式(3-1):

$$\Phi = A \times S \times Q \tag{3-1}$$

式中:A——充电设备的时间利用效率;
S——充电设备功率转化效率;
Q——充电设备功率使用效率。

二、充电站经济效益理论分析

现阶段纯电动汽车在我国电动汽车总产销量中占很大比例。因此,充电站建设将越来越受到关注,充电市场的放开使更多投资者出现并参与,而投资及运营商做决策的主要依据就是充电站能否盈利,所以对于充电站在经济效益方面的分析是十分必要的。故本小节提出了充电站经济效益分析的理论框架,详细分析了充电站的成本和收入,分别构建了充电站成本和收入的计算模型,并整理了两种对充电站效益评价的方法。

图 3-2 所示为根据成本收益分析法构建的总体理论分析框架。框架分为成本、收入和收益三大块,分别计算成本和收入后便可以计算出收益,并进行评价分析。

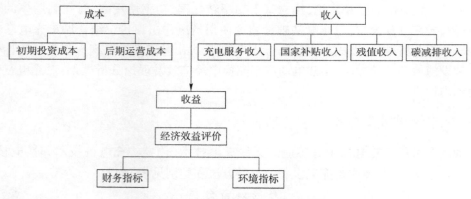

图 3-2　经济效益分析总体理论分析框架

1. 成本构成

充电站成本结构如图 3-3 所示,初期投资成本主要由四部分组成,分为建设工程费、土地成本、充电及配电设备成本和充电设备监控系统成本,后期运营成本主要有三部分,包括在运营周期内的电力成本、人工成本和维修成本。

2. 收入构成

充电站主要业务为购电之后卖给用户进行充电,此外根据当地政策享受国家补贴。在运营期间,充电站减少的二氧化碳排放越来越多,碳排放交易收入便会增加。若退出运营,剩余的设施会产生残值收入。因此,充电站收入构成如图 3-4 所示,主要包括充电服务收入、国家补贴收入、残值收入和碳减排收入。

充电站的效益主要由成本和收入决定,成本主要包括前期投资成本 B 和后期运营成本 E,收入为 R_N,则充电站的效益为收入减去成本。建设项目经济效益评价主要包括财务评价和国民经济评价,财务评价是国民经济评价的基础。本书主要选取财务指标来分析充电站的经济效益,因为需要在运营商的角度来研究充电站的微观经济效益,同时由于电动汽车相比燃油车的环境友好性,还将环境指标考虑进来。

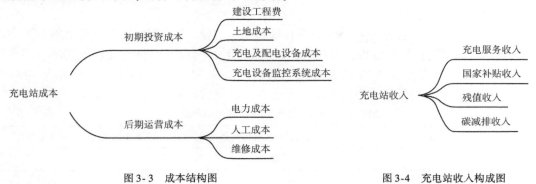

图 3-3 成本结构图　　　　图 3-4 充电站收入构成图

3. 财务指标

财务指标主要分为静态指标和动态指标。其中静态指标主要分析静态投资回收期,动态指标主要分析财务净现值(NPV)。

静态投资回收期是指项目的累计收入现金与投资额相等时所需要的时间,其代表了投资回收的年限,项目经营越好,回收年限越短。静态回收期为:

$$静态回收期 = \alpha - 1 + \frac{\omega}{\gamma} \tag{3-2}$$

式中:α——累计净现金流量出现正值的年份;
　　　ω——上年累计净现金流量的绝对值;
　　　γ——当年净现金流量。

财务净现值(NPV)是指按照行业的基准收益率 i_0 将项目周期内每年的净现金流量折现至投资初期的现值之和。如果 NPV 为正值,表明投资报酬大于投资成本,否则小于投资成本则说明该项目不可行。若运营 T 年,NPV 为:

$$NPV = \sum_{n=1}^{T} \frac{R_N - E}{(1 + i_0)^n} - B \tag{3-3}$$

4. 环境指标

充电站在为电动汽车提供电能的同时,也带来了环境方面的经济效益,主要包括节约能耗成本和碳排放交易收益。电动汽车在行驶过程中与燃油车相比减少了石油能源的消耗,但是电动汽车所消耗的电能主要来源于火电,所以在行驶的过程中也间接地消耗了煤。如果把燃油汽车行驶过程中的油耗转化为电动汽车行驶的煤耗。那么可以计算出电动汽车代替燃油汽车节约了多少煤耗量,就可以得到节约能耗成本,即:

$$节约能耗成本 = 由节约标准煤耗量转化的电量 \times 单位电价 \tag{3-4}$$

碳排放交易得到的收益为:

$$碳减排收益 = 单位碳减排交易价格 \times 年碳减排总量 \tag{3-5}$$

三、充电基础设施效率效益分析

根据我国电动汽车充电基础设施促进联盟发布的《2019—2020 年度中国充电基础设

发展报告》,以2019年我国公共充电基础设施发展统计数据为基础,并以所建的效率和效益分析模型,从宏观和微观两个方面展现了我国充电基础设施的效率和效益现状,并对其进行了分析。

1. 宏观效率分析

分别根据2019年各月公共充电桩保有量和充电电量,2016年以后公共充电桩的平均功率,2019年公共交、直流充电桩保有量占比,计算全年12个月的交、直流充电桩的时间利用率见表3-48,由于交流充电桩和直流充电桩功率相差很大,应分开计算,全年平均约为12.00%和0.64%。可见目前中国电动汽车公共充电桩的时间利用效率极低。

2019年各月交、直流充电桩的时间利用效率　　表3-48

时间	交流充电桩时间利用效率(%)	直流充电桩时间利用效率(%)
1月	10.76	0.58
2月	9.77	0.52
3月	10.05	0.54
4月	10.56	0.57
5月	10.49	0.56
6月	11.64	0.62
7月	12.42	0.67
8月	13.44	0.72
9月	13.25	0.71
10月	12.87	0.69
11月	13.65	0.73
12月	14.65	0.78
平均	12.00	0.64

依据充电桩的功率转化效率计算公式可以得出,直流充电桩的功率转化效率在95%~99%之间,所以平均为97%,功率使用效率能达到98%;交流充电桩的功率转化效率在91%~99%之间,所以平均为95%,功率使用效率能达到98%。因此,2019年平均一个直流充电桩的综合效率约为:

$$R_{DC} = A \times S \times Q = 0.64\% \times 97\% \times 98\% = 0.608\%$$

2019年平均一个交流充电桩的综合效率约为:

$$R_{AC} = A \times S \times Q = 12.00\% \times 95\% \times 98\% = 11.172\%$$

综上所述,从宏观方面上来看,2019年交、直流充电桩的综合效率都很低,主要原因是其时间利用效率极低,也就是充电工作的时间很少,绝大部分时间都是处于闲置状态。而且直流充电桩的综合效率比交流桩的更低,因为直流桩功率大、充电快,导致充电工作时间更少,所以时间利用效率更低。

2. 宏观效益分析

根据国家政策,经营性社会公用充电设施,其电价按大工业电价执行,峰时电价平均为1.025元/(kW·h),平时电价平均为0.725元/(kW·h),谷时电价平均为0.425元/(kW·h),

平均电价为0.725元/(kW·h),加上充电服务费平均0.97元/(kW·h)。因此,电动汽车用公共充电设施平均花费约为1.695元/(kW·h)。

通过相关研究数据,可以计算得出2019年充电成交总额约为1.695×69.63=118.02亿元。根据2019年内各月的平均一个充电桩的充电电量,再得到2019年平均一个充电桩的年充电电量为1275.50kW·h,所以平均一个充电桩的年收入约为1.695×1275.50=2161.97元。

在此基础上,回收130份用于充电基础设施效率和效益评价的有效调查问卷,涵盖国内10省份22个城市。基于问卷调查的分析结果表明,所调研在运营的884个充电桩年总充电量为12246328kW·h,折算到每个充电桩的年充电成交额平均约为23750元。分析结果表明,目前公共充电桩存在较明显的废置情况,在运营充电桩具有明显的效益不均衡现象,凸显出充电基础设施优化的必要性和重要性。

3. 微观充电基础设施效率分析

以某一个充电站一年的运营数据为基础,微观分析充电基础设施的效率和效益。本充电站为模拟的充电站投资方案,根据尚亿源公司给出的参考方案模拟。

该充电站为一个小型集中式充电站,主要提供快速充电服务。场地有400m²,铺设有10个车位,配套10个80kW的落地式直流快速充电桩,服务的车型主要为轿车和小型物流车。弱电监控覆盖到出入口及每一个充电桩,消防项目根据充电站的大小配置足够的灭火器和消防砂箱,同时配置有办公室、配电室、监控机房、值班室、驾驶员休息室、小卖部。

根据充电桩监控系统和管理平台统计,有关站内车辆充电的统计数据见表3-49。

站内汽车充电数据 表3-49

平均充电时长(min)	37
平均充电电量(kW·h)	21.28
平均日服务车辆数量(辆)	30
年运营天数(天)	360

根据所提出的效率分析模型,可以计算该充电站整体充电设备的综合效率为:

$$R_z = A_z \times S_z \times Q_z = 0.07708 \times 0.9717 \times 0.9671 \times 100\% = 7.24\%$$

从计算结果可以看出,该充电站的时间利用效率非常低,充电桩常常处于闲置状态,而充电桩工作时的功率转化效率达到了很高的水平,但是该充电站整体充电设备的综合效率很低。

4. 微观充电基础设施效益分析

该充电站初始投资成本主要包括建设成本、土地成本、设备成本、管理平台和监控系统的成本,具体金额见表3-50。

初 始 投 资 表3-50

项 目	明 细	合计(万元)
建设成本	办公楼、配电室、场地铺设	90
土地成本	面积400m²	40
充电设备	10套直流充电桩、配电设备	50
管理平台和监控系统	管理平台和监控系统的外设和软件	20

通过对固定资产折旧费、后期运营成本等其他充电站经营成本的考虑，可以得到年运营成本估算见表3-51。

年运营成本估算　　　　　　表3-51

时间	项目成本(万元)				合计(万元)
	电力成本	人工成本	维修成本	其他	
第1年	47	18	1.5	3	69.5
第2年	47	18	1.5	3	69.5
第3年	47	18	1.5	3	69.5
第4年	47	18	1.5	3	69.5
第5年	47	18	2	3	70
第6年	50	20	1.5	3	74.5
第7年	50	20	1.5	3	74.5
第8年	50	20	1.5	3	74.5
第9年	50	20	1.5	3	74.5
第10年	50	20	2	3	75

图 3-5 为该项目计算周期内的净现金流量变化图，由此得出该充电站的财务净现值 $NPV = -168.55$ 万元，净现值小于0，说明充电站目前处于亏损状态。

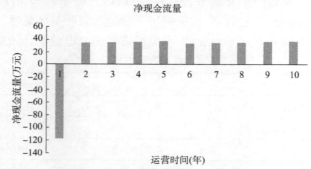

图 3-5　净现金流量变化图

图 3-6 为该项目累计净现金流量的变化，从图中可以看到累计净现金流量在第 6 年开始出现正值。根据静态回收期计算公式可以计算得到该项目静态回收期为 6.8 年，说明在周期 10 年内可以收回投资。

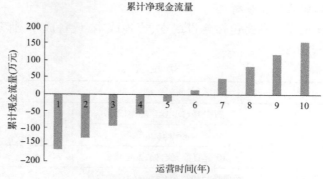

图 3-6　累计净现金流量变化图

5. 环境指标分析

环境指标主要分析节约能耗成本和碳减排收益。计算所需参数见表3-52。

环境指标参数　　　　　　　表3-52

参数名称	数据
该充电站服务的电动汽车平均每百公里耗电(kW·h)	17
同级别燃油汽车每百公里耗油量(kg)	5.8
火电发电标准煤煤耗(g/kW·h)	342
标准煤的碳排放系数(kg)	2.46
电能的折标准煤系数(kg/kW·h)	0.4
单位电价(元/kW·h)	0.725
碳排放交易价格(元/t)	165

根据表3-52可以计算得到每年该充电站共节约标准煤耗约88t,每年节约能耗成本为:

$$每年节约能耗成本 = 88000 \div 0.4 \times 0.725 = 15.95 万元$$

年碳减排总量计算约为366.74t,则年碳减排收益根据式(3-15)可以计算得出:

$$年碳减排收益 = 366.74 \times 165 = 6.05 万元$$

第四章 充电基础设施运营评价

电动汽车充电设施的运营效率是目前市场上关注的焦点和难点,提高运营效率是当前电动汽车推广的迫切任务。因此,通过定义充电基础设施运营效率,对电基础设施运营情况作出评价;通过设计充电基础设施综合效率计算模型,对充电基础设施的使用情况作出评价;结合城市充电基础设施运营调研数据分析结果,以成本收益分析法为基础,构建电动汽车充换电经济效益理论分析框架,对充电基础设施的效益作出评价,这些都具有重要意义。

本章基于设备综合效率理论,建立关于功率转化率、功率使用率、时间利用率的充电基础设施综合效率计算模型,以验证所提出的效率模型是否能够对充电基础设施的使用情况作出有效的评价。同时提出基于盈亏平衡分析和敏感性分析的充电基础设施效益评价方法,构建电动汽车充换电经济效益理论分析框架,对充电基础设施的效益作出评价。

下文将从充电设施效率分析、经济效益理论分析、基础设施效率效益分析三个方面来介绍运营评价的具体内容,并在最后对我国电动汽车充电行业进行发展势态分析。

第一节 充电设施效率分析

作为电动汽车产业发展中不可缺少的一环,充电基础设施的合理发展是电动汽车的有力保障。

充电设备综合效率是衡量整个充电服务网络的重要内容,充电站类似于加油站,是正在运营的企业,但充电站与加油站不同,它是一种特殊的电力设施,充电效率不仅取决于充电设备的充电时长,而且还与功率损耗、电能质量(包括电压分布、电力电量不平衡、谐波等问题)、充电负荷等因素相关,因此,在建立充电设备综合效率数学模型时,应当综合考虑充电设备使用时长、充电设备自身功率的转化程度以及充电过程中电池组状态对充电机的影响,本书通过对充电设备和充电站工作流程的分析,引入生产制造业的设备综合效率(OEE)理论。

一、设备综合效率(OEE)理论

设备综合效率(OEE)是表现实际的生产能力相对于理论产能的比例,同时也是企业生产维护中一个重要的设备利用衡量指标,它实际上反映了设备的综合性能。设备综合效率适用于单机、生产线或工厂的全部生产设备。设备综合效率由三个性能指标组成,分别是设备时间开动率、性能开动率和合格品率。

$$设备综合效率 = 设备时间开动率 \times 性能开动率 \times 合格品率 \tag{4-1}$$

其中:

$$设备时间开动率 = \frac{实际生产时间}{计划运行时间} \times 100\% \tag{4-2}$$

$$性能开动率 = 生产数量 \times \frac{理论加工周期}{实际生产时间} \times 100\% \tag{4-3}$$

$$合格品率 = \frac{合格品数量}{生产数量} \times 100\% \tag{4-4}$$

通过分析设备综合效率的计算结果,可帮助维修人员、操作工人和生产管理人员提高设备生产效率。

二、充电设备综合效率计算模型

通过对充电设备的分析,充电过程是电动汽车进入充电站,经过充电设备对汽车电池进行"加工充电",使电动汽车可以继续正常行驶。所以,可以将充电站相当于一个加工生产线,而电动汽车相当于待加工的产品,则充电设备与工业生产中的机械设备类似。因此,在建立充电设备综合效率评价模型时,可以以生产制造业中的设备综合效率(OEE)理论为基础进行建模。

三、单台充电桩的时间利用率计算分析

时间利用率主要反映设备的时间利用情况,度量了充电正常工作的时长,由于设备故障、停电、无充电车辆等因素的影响,充电设备存在一些停机时间,充电设备时间利用率越高,表明充电设备实际运行时间越长,反之则表明其正常工作时间越短。

充电站中单台充电桩的时间利用率为:

$$A = \frac{\sum_{i=1}^{k}(M_i - N_i)}{Z} \tag{4-5}$$

式中:k——充电桩一天中的充电次数;

i——充电桩在一天之中第 i 次充电;

M_i——充电桩第 i 次充电的结束时间,min;

N_i——充电桩第 i 次充电的开始时间,min;

Z——总时间,总时间是在计算周期中所有能利用的时间,充电站运行中,数据的记录一般以 min 为单位,取计算周期为一天,则总时间为 1440min。

四、单台充电桩的功率转化率计算

功率转化效率主要反映充电设备从电网中接收电能的情况,度量充电设备自身内部的电能损失。不同的电动汽车接入充电设备,由于动力电池的内阻不同,充电设备的输出功率也会相应改变,从而对功率转化率产生影响。

对于直流充电桩,单台直流充电桩的功率转化率为:

$$B_1 = \frac{1}{n}\sum_{i=1}^{n}\frac{U_i I_i}{\lambda_i S_i} \tag{4-6}$$

式中:U_i——直流充电桩第 i 次充电的充电电压;

I_i——直流充电桩第 i 次充电的充电电流;

λ_i——直流充电桩第 i 次充电交流输入侧的功率因数;

S_i——直流充电桩第 i 次充电交流输入侧的视在功率;

n——直流充电桩一天中的充电次数。

对于交流充电桩,单台交流充电桩的功率转化率为:

$$B_2 = \frac{1}{m}\sum_{i=1}^{m}\frac{\lambda_{2i}S_{2i}}{\lambda_{1i}S_{1i}} \qquad (4-7)$$

式中:λ_{2i}——交流充电桩第 i 次充电交流输出侧的功率因数;

S_{2i}——交流充电桩第 i 次充电交流输出侧的视在功率;

λ_{1i}——交流充电桩第 i 次充电交流输入侧的功率因数;

S_{1i}——交流充电桩第 i 次充电交流输入侧的视在功率;

m——交流充电桩一天中的充电次数。

对于单相电路,视在功率为:

$$S = UI \qquad (4-8)$$

式中:U——相电压,单位为 V;

I——相电流,单位为 A。

对于三相对称电路,视在功率为:

$$S = 3U_X I_X = \sqrt{3}U_L I_L \qquad (4-9)$$

式中:U_X——相电压,单位为 V;

I_X——相电流,单位为 A;

U_L——线电压,单位为 V;

I_L——线电流,单位为 A。

五、单台充电桩的功率使用率计算分析

在考虑了充电设备时间利用率、功率转化率之后,充电设备在对电动汽车充电过程中必不可少的一个环节就是充电设备将电网中转化的电能传递给电动汽车,从而实现能源的传送。功率使用率主要反映充电设备的有效工作情况,衡量充电设备充电过程中电能的输出程度。

功率使用率为实际输出功率与设备额定功率之比,单台充电桩的功率使用率为:

$$Q = \frac{1}{n}\sum_{i=1}^{n}\frac{60 D_i}{(M_i - N_i)P} \qquad (4-10)$$

式中:D_i——充电桩第 i 次充电的充电度数,kW·h;

P——充电桩的额定功率,kW;

n——充电桩一天中的充电次数;

i——充电桩在一天之中第 i 次充电;

M_i——充电桩第 i 次充电的结束时间,min;

N_i——充电桩第 i 次充电的开始时间,min。

根据电动汽车充电站的充电设备综合效率三个主要影响因素(充电设备使用情况、充电

设备自身功率的转化程度、充电设备向电动汽车传输电能的效率高低),可依据公式(4-1)计算单台充电设备的综合效率。

第二节 充电站经济效益理论分析

现阶段纯电动汽车在我国电动汽车总产销量中占很大比例,同时随着国家相应政策的出台,未来我国电动汽车的保有量将会保持持续增长的态势。所以,充电站建设将越来越受到关注,充电市场的放开使更多投资者出现并参与,而投资及运营商做决策的主要依据就是充电站能否盈利,因此,对于充电站在经济效益方面的分析是十分有必要的。故本部分提出了充电站经济效益分析的理论框架,详细分析了充电站的成本和收入,并基于盈亏平衡分析和敏感性分析的充电基础设施效益评价方法,分别构建了充电站成本和收入的计算模型。

图 4-1 所示是根据成本收益分析法构建的总体理论分析框架,框架分为成本、收入和收益三大块,分别计算成本和收入后便可以计算出收益,并进行评价分析。

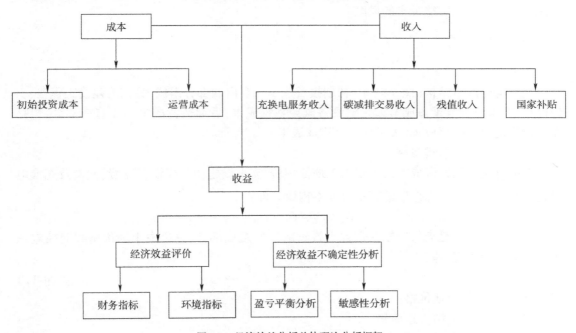

图 4-1 经济效益分析总体理论分析框架

该理论分析框架是以成本收益分析法为基础,首先梳理了充换电站成本结构和收入来源。假设不考虑项目退出时的成本,影响充换电站经济效益的成本主要由初期投资成本和运营成本构成。初期投资成本属于固定成本,投资较大,主要由充换电站的组成结构决定。运营成本是每年用来维持充换电站运营的费用总和,由于电价政策、建设规模等相关因素的变化,运营成本也会随之变动。充换电站收入主要受其运营模式的影响,运营模式不同,收入来源和盈利方式也不同。本书基于充换电运营商和电池租赁商一体式的电池租赁运营模式分析充换电站收入,主要包括充换电服务收入、碳排放交易收入、残值收入和国家补贴。其中,充换电服务收入是主要收入来源,主要由充电电价和服务车辆数量决定。之所以将碳排放交易收入考虑进来有三个原因:其一,充换电站保障电动汽车的推广运营,能够减少二氧化碳的排放,缓解了大城市空气污染;其二,在政策的推动下,未来电动汽车规模化发展成为主要趋势,所以,充换电基础设施的建设也会随之快速发展,在充换电设施的保障作用下,越来越多的电动汽车行驶在路上,带来的碳减排量也越来越多,此时碳减排效益将会凸显,对整个充换电站经济效益的贡献越来越大。其三,随着国内碳排放交易市场机制的不断完善,碳减排越来越容易实现,所以碳减排收益将变得更加直观。此外,残值收入是项目运营期结束时,变卖固定资产收到的价值减去手续费形成的收入。国家补贴在项目建设初期是一项重要的资金来源,因此也将它算到充换电站总收入中。

在梳理充换电站成本结构和收入来源的基础上得到收益,根据经济效益的概念,如果运营期内总收入大于总成本说明具有正的经济效益,如果总收入小于总成本说明具有负的经济效益。为了进一步从不同角度全面分析评价经济效益的效果,一方面,本书借助于经济指标对充电站经济效益进行评价分析,主要包括财务指标和环境指标;另一方面,本书采用了盈亏平衡分析法和敏感性分析法,研究经济效益指标对不确定性因素变化的敏感程度,进而预测敏感因素变化可能带来的风险。

一、成本构成

1. 成本结构

充换电站成本结构(图3-3)中,初期投资成本主要由四部分组成,分别为建设工程费、土地成本、充电及配电设备成本和充电设备监控系统成本,后期运营成本主要有三部分,包括在运营周期内的电力成本、人工成本和维修成本。

2. 充换电站成本模型分析

充换电站初期投资成本 C_1 主要由土地征用费、充电设施场所建设工程费、配电及充换电设备购置费和配电及充换电监控系统成本构成。即:

$$C_1 = C_L + C_C + C_D + C_S$$

土地征用费 C_L 是充换电站初期建设投资的重要组成部分,主要由土地价格和充换电站所占土地面积决定,即:

$$C_L = L_P \times L_S \tag{4-11}$$

式中: L_P ——单位土地价格;

L_S ——充换电站占地面积。

充电设施场所建设工程费 C_C 是充换电站场所建筑建设的费用,主要包括办公区、停车区、配电室、变电室及监控室等建筑,即:

$$C_C = C_r + C_F \tag{4-12}$$

式中: C_r ——办公区和停车区建设费;

C_F ——配电室、变电室及监控室建设费。

配电及充换电设备购置成本 C_D 是充换电站建设初期最主要的费用支出,主要包括配电及充换电设备的购置费。其中,配电设备主要包括10kV开关柜、变压器、低压配电柜等。充电设备主要包括交流充电桩、直流快速充电机。换电设备主要由电池箱、电池充电架、换电机器人和移动充电舱、电池转运箱等其他辅助设备构成。公式如下:

$$C_D = \sum_{i=1}^{n} P_{1i} N_{1i} + \sum_{i=1}^{m} P_{2i} N_{2i} + \sum_{i=1}^{t} P_{3i} N_{3i} \tag{4-13}$$

式中：P_{1i}——第 i 类配电设备单价；

N_{1i}——第 i 类配电设备数量；

n——所需配电设备类型总数；

P_{2i}——第 i 类充电设备单价；

N_{2i}——第 i 类充电设备数量；

m——所需充电设备类型总数；

P_{3i}——第 i 类换电设备单价；

N_{3i}——第 i 类换电设备数量；

t——所需换电设备类型总数。

配电及充换电监控系统成本 C_S 指充换电站监控后台、配电系统监控、充电和电池更换监控、安全防卫监控等系统软件的购置费用。

充换电站年运营成本 $C_{2,n}$（n 为充换电站项目运行第 n 年）主要包括年购电成本、年电池租赁总成本、年人工成本和年充换电设备维护成本。即：

$$C_{2,n} = C_{P,n} + C_{B,n} + C_{H,n} + C_{M,n} \tag{4-14}$$

年购电成本 $C_{P,n}$ 主要指向供电公司购买的用于充电需求的电费和站内设备正常运转及员工工作生活所需的电费，主要由购电电价和总需求电量决定。关于购电电价，根据 2014 年国家发展改革委颁布的《关于电动汽车用电价格政策有关问题的通知》规定，直接报装接电的经营性集中式充换电设备用电，按照大工业用电价格计算。那么，年购电成本由下式计算：

$$C_{P,n} = P_P \times N_P \tag{4-15}$$

式中：P_P——购电电价；

N_P——总需求电量。

年电池租赁总成本 $C_{B,n}$ 主要由租赁价格、租赁数量和租赁期决定，即：

$$C_{B,n} = \frac{P_B N_B}{T} \tag{4-16}$$

式中：P_B——租赁电池组单价；

N_B——租赁电池组数量；

T——租赁期，假设与项目运行周期相同。

年人工成本主要由站内人员配置和当地工资水平决定。$C_{H,n}$ 主要包括员工的基本工资、奖金、社会保障金、福利费用及其他费用。

年充换电设备维护成本 $C_{M,n}$ 指项目运行第 n 年，设备维修和需要更换零部件的费用总和。通常按照充换电设备投资额的一定比例 β 计算，即：

$$C_{M,n} = \beta \times C_D \tag{4-17}$$

二、收入构成

在电池还没有实现标准化的前提下，我国适合采用充换电站运营商和电池租赁商一体式的运营模式。充换电站运营商从电池生产商处采购电池，然后租给汽车公司。主要业务表现为充换电站运营商为汽车公司提供充换电服务和电池维修服务,汽车公司向充换电运营商缴纳电费,电池租赁费在电费中扣除。因此,充换电站收入主要来源于充换电服务收入。此外,充换电站运营商享受国家补贴,根据北京地区规定,其最高可享受充换电设备购置费 30% 的补贴。在充换电站运营期间,充换电站保障了城市电动公交车的推广运营,进而减少了二氧化碳的排放,随着未来城市电动公交车规模化发展和碳排放交易市场的不断开放,二氧化碳减排效益将会日益凸显,因此,碳减排交易收入对充换电站收入的贡献将会越来越大。在项目退出运营时,会产生一定的残值收入。因此,从充换电运营商角度分析,充换电站收入主要包括充换电服务收入、碳减排交易收入、国家补贴收入和残值收入,具体如图 4-2 所示。

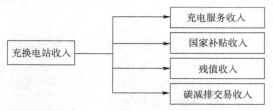

图 4-2　充换电站收入构成图

充换电站的效益主要由成本和收入决定,成本主要包括前期投资成本 B 和后期运营成本 E,收入为 R_N,充换电站的效益为收入减去成本。建设项目经济效益评价主要包括财务评价和国民经济评价,财务评价是国民经济评价的基础。本书主要选取财务指标来分析充换电站的经济效益,因为需要在运营商的角度来研究充换电站的微观经济效益,同时由于电动汽车相比燃油车更具有环境友好性,还将环境指标考虑进来。

1. 充换电站收入模型分析

充换电站年收入 I_n 主要来源于提供充电服务所获得的收入、碳减排交易收入、国家补贴和残值收入。即:

$$I_n = I_{\text{sell},n} + I_{c,n} + I_{\text{sub}} + I_{v,n} \tag{4-18}$$

式中:$I_{\text{sell},n}$——换电服务年收入;

$I_{c,n}$——碳减排交易收入;

I_{sub}——国家补贴;

$I_{v,n}$——残值收入。

(1) 充换电服务年收入 $I_{\text{sell},n}$ 主要由充电价格和年充电电量决定。关于充电电价,根据 2014 年国家发展改革委颁布的《关于电动汽车用电价格政策有关问题的通知》,规定对充换电服务价格实行政府指导价管理,充换电服务价格包括电费和服务费,其中电费按照我国的电价政策执行,服务费用于弥补充换电设施运营成本。服务费制定的标准是在降低充换电设施运营成本的基础上,确保电动汽车充电成本明显低于燃油汽车的加油成本。充电电量主要由每车日均行驶里程、每车每公里耗电量、日均充电次数、日均服务车数量、运营天数决定,则充换电年服务收入由下式计算:

$$I_{\text{sell},n} = PDME \times \frac{NL}{100} \tag{4-19}$$

式中:P——充电电价,包含了充电服务费,与柴油价格联动;

D——电动公交车年运营天数；

M——充换电站日服务车辆数量；

E——每辆电动汽车每百公里耗电量；

N——每辆电动汽车每天平均充电次数；

L——每辆电动汽车每次充满电平均行驶里程。

(2)碳减排交易收入$I_{c,n}$是将电动汽车代替传统燃油车所减少的二氧化碳排放量转化为收益。纯电动汽车在行驶的过程中几乎不会排放任何尾气，但是电动汽车的能量主要来源于火电，因此存在间接排放污染。从能源开采到发电再到输电和电能消耗过程中，电动汽车消耗单位电能的二氧化碳排放量要比燃油汽车小。因此碳减排交易收入主要由电动汽车比燃油汽车减少的碳排放量和碳排放交易价格决定。即：

$$I_{c,n} = WV \tag{4-20}$$

式中：W——电动公交车代替传统燃油公交车减少的二氧化碳排放量；

V——碳减排交易价格。

(3)国家补贴I_{sub}主要按照国家及地方政府的相关政策规定的比例计算，如北京市规定政府在充换电基础设施建设初期给予最高限额达充换电设备投资额30%的补贴。

(4)残值收入$I_{v,n}$是由残值收益率r和固定资产的购买价格决定的。即：

$$I_{v,n} = r \times C_D \tag{4-21}$$

2.充换电站经济效益评价

1)经济效益评价指标选取原则

(1)系统性。电动公交车充换电站是一个系统工程项目。所以对该项目经济效益作出一个客观、全面的评价就需要一套科学完整的评价指标体系，因为仅仅一个指标是难以判断项目经济效益是好是坏，往往还可能得到片面的结论。因此，我们要从充换电站项目这个系统工程出发，选择能够评价经济效益所有内容的指标体系，包括运营效益和环境效益。系统性不仅要求所选择的指标体系要客观全面，还要求指标之间要有联系并应该相互补充。

(2)实用性。实用性是指所选指标要具有可操作性。具体来讲是要求指标不仅要全面，而且要简明、清晰，使评价人员能够迅速掌握，有利于评价人员对经济效益作出准确客观的评价。实用性的另一层意思是所选择的指标能够反映客观实际情况。

(3)科学性。科学性是指选择评价指标的方法要具有科学性，一般选择指标的方法主要包括专家咨询法、理论分析法、文献归纳法等，不能凭自己的感觉和经验来选择，一定要有理论和现实依据。科学性还指所选的指标本身要具有科学性，指标概念要科学化，计算范围要明确，易于比较，同时与其他指标之间具有相关性。

(4)定性与定量相结合。对充换电站经济效益的评价内容，有的可以用具体的客观数据表示，因此此类定量指标很容易获取。有些经济效益表现出来无形效果无法用价值型指标量化，因此需要定性分析或者运用其他类可以量化指标来衡量。例如充换电站项目的风险性是难以通过具体的可量化指标来衡量的。

2)经济效益评价指标选取

充电站的效益主要由成本和收入决定，成本主要包括前期投资成本C_1和后期运营成本$C_{2,n}$，收入为I_n，则充电站的效益为收入减去成本：

$$C_Y = I_n - C_1 - C_{2,n} \tag{4-22}$$

（1）财务指标。现有的关于电动汽车基础设施经济效益的研究主要采用不同的财务指标对其经济效益进行分析和评价,这些财务指标主要分为静态指标和动态指标。其中静态指标主要包括投资利润率,静态投资回收期等,动态指标主要包括财务净现值(NPV)、内含报酬率(IRR)、动态投资回收期等。

①投资利润率是指项目的利润总额与投资总额之比。即：

$$投资利润率 = \frac{利润总额}{投资总额} \times 100\% \tag{4-23}$$

②静态回收期是指投资引起的现金流入累计到与投资额相等所需要的时间。代表了投资回收的年限。投资回收年限越短,项目越有利。即：

$$静态回收期 = \frac{累计净现金流量}{出现正值的年份} - 1 + \frac{上一年累计净现金流量的绝对值}{出现正值年份净现金流量} \tag{4-24}$$

③财务净现值是指按照行业基准收益率或者设定的收益率,将项目周期内每年的净现金流量折现至期初的现值之和。如果净现值为正值,表明投资报酬率大于资本成本,否则小于资本成本,说明该项目不可行。即：

$$NPV = \sum_{n=1}^{T} \frac{(I_n - C_{2,n})}{(1 + i_0)^n} - C_1 \tag{4-25}$$

式中：i_0——基准收益率。

④内涵报酬率是指能够使净现值等于零的折现率,即按下式倒推 IRR：

$$NPV = \sum_{n=1}^{T} \frac{(I_n - C_{2,n})}{(1 + IRR)^n} - C_1 = 0 \tag{4-26}$$

⑤动态投资回收期是相对于静态投资回收期而言,是考虑资金时间价值的情况下,项目现金流入量抵偿全部投资所需要的时间。即：

$$动态投资回收 = \frac{累计净现金流量现值}{出现正值的年份} - 1 + \frac{上一年累计净现金流量现值的绝对值}{出现正值年份净现金流量的现值} \tag{4-27}$$

（2）环境指标。电动汽车充换电站在为电动汽车提供能量补给保障的同时,也带来了环境方面的经济效益,主要包括两个方面:一个是节约能耗成本,另一个是碳减排收益。电动汽车在行驶过程中"以电代油"与燃油车相比减少了石油能源的消耗。但是电动汽车所消耗的电能主要来源于火力发电,所以在行驶的过程中也间接地消耗了煤。如果把燃油汽车行驶过程中的油耗转化为煤耗,那么就可以把电动汽车代替燃油汽车而节约的能耗量转化为节约的煤耗量,然后把节约的煤耗量转化为电量,乘以单位电价就可以得到节约能耗成本,则节约能耗成本为:

$$节约能耗成本 = 由节约标准煤耗量转化的电量 \times 单位电价 \tag{4-28}$$

其中,节约标准煤耗量为：

$$节约标准煤耗量 = \left(\begin{array}{c} 每百公里 \\ 电动公交车 \\ 消耗的标准煤量 \end{array} - \begin{array}{c} 由每百公里燃油汽车 \\ 消耗的石油转化 \\ 为标准煤的量 \end{array} \right) \times \begin{array}{c} 电动公交车 \\ 保有量 \end{array} \times \begin{array}{c} 总行驶 \\ 里程 \end{array} / 100 \tag{4-29}$$

电动公交车代替燃油公交车在行驶的过程中减少了二氧化碳的排放,如果将碳减排转

化为收益,可得:

$$碳减排量 = \left(\begin{array}{c}每百公里燃油\\公交车碳排放量\end{array} - \begin{array}{c}每百公里电动\\公交车碳排放量\end{array}\right) \times \begin{array}{c}电动公交车\\保有量\end{array} \times \begin{array}{c}总行驶\\里程\end{array} / 100 \quad (4\text{-}30)$$

3. 充换电站经济效益不确定性分析

在电动公交车充换电站经济效益分析及评价过程中,由于许多数据来自预测和估算,而很多影响经济效益的因素本身具有不稳定性和不确定性,或者因为客观上缺乏足够的信息,不能全面考虑所有情况。因此,对未来运营情况无法作出准确的预测,未来实际情况与预测结果一定会存在误差,可能为整个项目带来风险。为此,需要分析经济效益的不确定性。本小节主要将盈亏平衡分析法和敏感性分析法应用于电动公交车充换电站经济效益不确定性分析,具体阐述其分析原理。

(1)盈亏平衡分析法。

盈亏平衡分析是在一定市场、生产能力及经营管理条件下,通过对产品量本利关系的分析,找出投资项目的盈亏临界点,以判断不确定性因素对项目经济效益指标的影响程度,从而为投资决策者提出提高经济效益,降低投资风险的途径。盈亏临界点又叫盈亏平衡点(BEP),可以选择项目运行期内产品产量或销售量、固定或可变成本、产品价格等指标的绝对量表示,也可以用某些相对值表示,如生产能力利用率。盈亏平衡点的主要计算公式如下:

$$BEP_{生产能力利用率} = \frac{年固定成本 \times 100\%}{年营业收入 - 年可变成本 - 年营业税金及附加} \quad (4\text{-}31)$$

$$BEP_{产量} = \frac{年固定成本 \times 100\%}{单位产品价格 - 单位产品可变成本 - 单位产品营业税金及附加} \quad (4\text{-}32)$$

$$BEP_{产品价格} = \frac{年固定成本}{设计生产能力} + 单位产品可变成本 + 单位产品营业税金及附加 \quad (4\text{-}33)$$

(2)敏感性分析法。

敏感性分析是指对反映项目经济效益的指标如财务净现值,对不确定性因素变化敏感程度的分析。目的是分析出不同影响因素对经济效益指标影响的强弱程度,进而预测相关因素变动可能给经济效益带来的损失或者未来如何改变相关影响因素可以提高经济效益,以提高投资决策的准确性和可靠性。

敏感性分析的主要方法和步骤:首先确定敏感性分析指标,主要指反映项目经济效益的一组指标,本书采用财务净现值作为敏感性分析的对象。其次,设定不确定影响因素。影响经济效益的因素主要包括各项成本和收入,所以可以从成本和收入的影响因素中选取。最后,通过比较经济效益指标对不确定因素变化的敏感程度,找出敏感性较强的几个因素,确定为敏感因素,并对它们的影响效果进行具体分析。

第三节　充电基础设施效率效益分析

根据中国电动汽车充电基础设施促进联盟发布的《2019—2020年度中国充电基础设施发展报告》,以2019年我国公共充电基础设施发展统计数据为基础,并利用所建立的效率和效益分析模型,从宏观和微观两个方面展现了我国充电基础设施的效率和效益现状,并对其进行分析。

一、宏观效率分析

根据2019年各月公共充电桩保有量和充电电量,2016年至2019年公共充电桩的平均功率,2019年公共交、直流充电桩保有量占比,计算2019年每个月的交、直流充电桩的时间利用率。

充电桩的综合效率是充电桩的时间利用效率、功率转化效率和功率使用效率的乘积,其中时间利用效率可以计算为:

$$A = \frac{充电时长}{计算周期时长} = \frac{平均每个充电桩的充电电量}{平均充电功率 \times 计算周期时长} \quad (4\text{-}34)$$

其中一个月内平均每个充电桩的充电电量可以通过式(4-35)由表4-1数据计算得出。

$$平均每个充电桩的充电电量 = \frac{月充电电量}{月充电桩保有量} \quad (4\text{-}35)$$

2019年各月公共充电桩保有量和充电电量　　　　表4-1

时间	各月公共充电桩保有量	各月公共充电桩充电电量(亿kW·h)	时间	各月公共充电桩保有量	各月公共充电桩充电电量(亿kW·h)
1月	399563	4.77	7月	452320	5.97
2月	404424	4.2	8月	463437	6.62
3月	413839	4.42	9月	474340	6.68
4月	426957	4.79	10月	483353	6.61
5月	434060	4.84	11月	497010	7.21
6月	443025	5.48	12月	516396	8.04

下面先以2019年1月计算为例。

$$1月平均每个充电桩的充电电量 = \frac{4.77 \times 10^8}{399563} = 1193.80 \text{kW} \cdot \text{h}$$

根据我国2019年公共交、直流桩的保有量对比(0.38:0.42),假设交流桩和直流桩的充电电量按照此比例分配,可以计算1月交流桩充电量为1193.80×58% = 692.40kW·h,1月直流桩充电量为1193.80×42% = 501.40kW·h。假设功率按照充电桩的平均额定功率计算,依据表4-2,则2019年1月的交流充电桩的时间利用效率约为:

$$A_{AC1} = \frac{692.40}{8.65 \times 31 \times 24} \times 100\% = 10.76\%$$

同理可计算1月的直流充电桩的时间利用效率约为:

$$A_{DC1} = \frac{501.40}{115.76 \times 31 \times 24} \times 100\% = 0.58\%$$

2016年—2019年公共充电桩平均功率　　　　表4-2

年份(年)	2016	2017	2018	2019
交流桩平均功率(kW)	8.71	6.67	8.97	8.65
直流桩平均功率(kW)	69.23	91.65	109.57	115.76

同理,可计算2019年全年12个月的交、直流充电桩的时间利用效率,平均约为12.00%和0.64%,见表4-3。可见,目前中国电动汽车公共充电桩的时间利用效率极低。

2019 年各月交、直流桩的时间利用效率 表 4-3

时间	交流桩时间利用效率(%)	直流桩时间利用效率(%)
1 月	10.76	0.58
2 月	9.77	0.52
3 月	10.05	0.54
4 月	10.56	0.57
5 月	10.49	0.56
6 月	11.64	0.62
7 月	12.42	0.67
8 月	13.44	0.72
9 月	13.25	0.71
10 月	12.87	0.69
11 月	13.65	0.73
12 月	14.65	0.78
平均	12.00	0.64

为了对我国电动汽车充电基础设施经济效益进行更充分的分析，本书通过问卷调查的方式收集了包含 21 个城市的一百家充电站的充电装置运营数据。首先按照所建立的时间利用效率模型计算每个充电站内平均每个充电装置一年内的时间利用效率，为了便于分析，取直流和交流充电桩时间利用效率的平均值作为分析对象，计算结果如图 4-3 所示。从计算结果可以看出，大部分城市充电站中的充电桩利用效率较低，在所调研的城市当中，有的城市充电站中充电桩的平均时间利用效率不到 2%，最高的为海口市 15.83%，大部分充电站的充电桩年时间利用效率在 10% 以下，由此可见虽然现阶段我国汽车充电桩总量很大，但是大部分充电桩的利用效率却不高，大量充电桩在运营期间内处于闲置的状态。

此外，根据综合效率公式对所得数据中每个充电站中单桩的综合效率进行计算，为了方便计算分析，取直流和交流充电桩的平均综合效率作为分析对象，计算结果如图 4-4 所示。从数据中可以看出，在所调研的城市当中，大部分城市充电站当中的充电桩综合效率普遍较低，其中有多个城市充电桩的平均综合效率不到 1%，最高的为 14.75%，大部分城市充电桩的平均综合效率在 5% 左右，并且不同城市之间充电桩的平均综合效率相差较大，由此可以说明现阶段各个城市汽车充电桩的运行效率低下，并且由于运营模式、充电站选址等其他不同因素的影响，不同城市的充电桩发展也极不平衡。

除了收集不同城市具体的电动汽车充电站运营数据外，本书还收集了 2020 年充电总量排行我国前四位的充电桩运营商运营数据，分别为特来电、星星充电、深圳车电网、云快充。其中，由于国家电网相关数据涉及保密问题，故无法查询，因此用深圳车电网进行代替。

图 4-5 分别为中国电动汽车充电基础设施促进联盟所发布的 2020 年度特来电、星星充电、深圳车电网、云快冲的 2020 年充电总量和对应的公共充电桩数量。

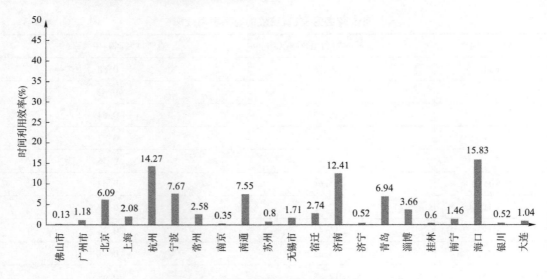

图 4-3　21 个城市充电装置平均时间利用效率

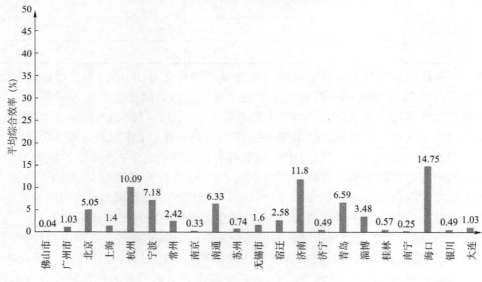

图 4-4　21 个城市的平均综合效率

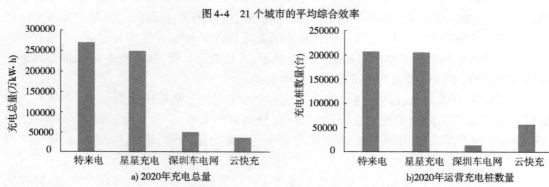

a) 2020 年充电总量　　　　b) 2020 年运营充电桩数量

图 4-5　运营商 2020 年运营数据

根据运营商的 2020 年运营数据,首先计算各个运营商每个充电桩的平均时间利用效率,计算结果如图 4-6 所示。从图中可以看出,深圳车电网的单桩平均时间利用效率最高,达到了 23.89%,其他三家的单桩平均时间利用效率分别为 9.05%、8.44%、4.46%。

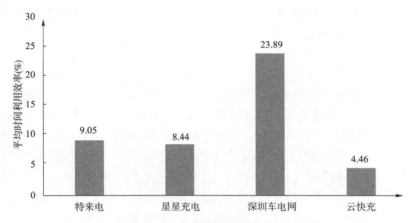

图 4-6　运营商 2020 年平均每个充电桩的平均时间效率

此外,根据所建立的充电桩综合效率模型,分别计算四家运营商单桩的平均综合效率,计算结果如图 4-7 所示。从计算结果可以看出,除了深圳车电网的单桩平均综合效率达到了 22.27% 外,其他三家运营商的单桩平均综合效率均不到 10%。由此可以看出,虽然这四家运营商在充电电量和充电桩运营数量上处于国内领先位置,但每个充电桩在综合利用效率上依然不高。

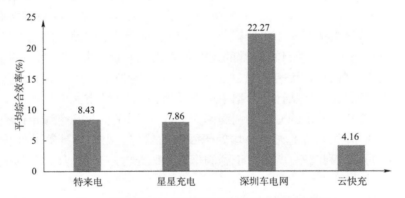

图 4-7　运营商 2020 年平均每个充电桩的平均综合效率

充电设备作为电动汽车的能源补给装置,伴随着电动汽车的发展而被广泛建设并投入使用。为了分析我国现阶段汽车充电桩的使用效率情况,本书通过 2019 年我国公共充电桩保有量、充电电量数据和以问卷调查方式所收集到的囊括我国 21 个城市的一百家充电站运营数据,以及在充电电量和充电桩数量排在前四位的四家运营商 2020 年运营数据,首先计算我国 2019 年度全国范围内平均每个公共充电桩、收集数据中所包含的各个城市中每个充电桩及四家充电桩运营商 2020 年内每个充电桩的时间利用效率,从计算结果来看,大部分城市的电动汽车充电桩的时间利用效率较低,即在日常生活中,充电站大量充电桩处于闲置状态,有效工作时间不能得到保证。同时由于充电时间利用效率并不能作为充电设备效率评价的全部因素,进一步从能量转化的角度,提出了通过计算基于时间开动率、功率转化率、功率使用率的充电设备综合效率,来对充电桩的使用效率做进一步的分析。从数据结果可以看出,充电站的充电设备综合效率偏低,即在给电动车辆充电的过程中伴随着大量的电能损耗,这不仅导致了能源的浪费,而且增加了充电站的运营成本,不利于充电站的推广建设,也会阻碍整个电动汽车产业的发展。

二、宏观效益分析

首先,通过相关研究数据可以得到我国公共充电桩累计实现充电 69.63 亿 kW·h,根据国家政策,经营性社会公用充电设施,其电价按大工业电价执行,峰时电价平均为 1.025 元/(kW·h),平时电价平均为 0.725 元/(kW·h),谷时电价平均为 0.425 元/(kW·h),平均电价为 0.725 元/(kW·h),加上充电服务费平均 0.97 元/(kW·h),所以,电动汽车用公共充电设施平均花费约为 1.695 元/(kW·h)。

通过以上数据可以计算出 2019 年充电成交总额约为 $1.695 \times 69.63 = 118.02$ 亿元,然后再根据 2019 年平均一个充电桩的年充电电量为 1275.50kW·h,得出平均一个充电桩的年收入约为 $1.695 \times 1275.50 = 2161.97$ 元。与普遍在 5 万~8 万元的充电桩市场价格相比,现阶段单个充电桩的年盈利水平相对较弱。

为了更好地对我国电动汽车充电站效益能力进行分析,现对所收集到的全国 21 个城市 110 家充电站数据进行相关财务指标分析。

1. 利润率

首先以城市为单位,计算每个城市内所有充电站在运营年限内的平均投资利润率,计算结果如图 4-8 所示。其中充电站每年的充电量依据充电联盟所发布的数据按每年 1.68 的倍数进行递增,运营年限按照 5 年来计算,充电桩和土地等其他建站成本均按照全国平均水平来计算。投资利润率是指项目在正常的运营年限内的利润总额与项目投资总额的比值,所以当投资利润率为负数时,代表该项目在相应的年份内处于亏损状态,并且绝对值越大,证明亏损越严重,反之亦然。从计算数据中可以看出,大部分城市充电站的利润率在运营期内为负数,只有少数几个城市的充电站利润率为正数,即除了少数几个城市的充电站在运营年限内实现了盈利,其他城市的充电站均处于亏损的状态。由于所计算的评价指标为充电站在运营周期内的平均利润率,所以对于利润率为负的充电站来说,其每年的效益情况要更加严峻。

2. 财务净现值

根据财务净现值定义,以城市为单位,计算 5 年运营期内,21 个城市所有充电站净现金流量之和的平均值,计算结果如图 4-9 所示,其中基准收益率根据我国行业基准收益率相关规定取 10%。由此可以计算得出 21 个城市调研中所涉及的充电站的平均财务净现值 $NPV = -47.17$ 万元,当净现值小于 0,说明该项目目前的投资报酬率小于资本成本,即项目处于亏损状态。根据计算结果可以得出结论,在所调研的全国 110 家充电站中,大部分充电站在 5 年运营期内处于亏损状态,需要较长的运营周期才能实现盈利。

第四章 充电基础设施运营评价

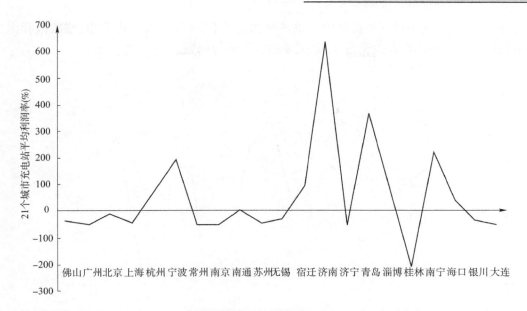

图 4-8 21 个城市充电站平均利润率

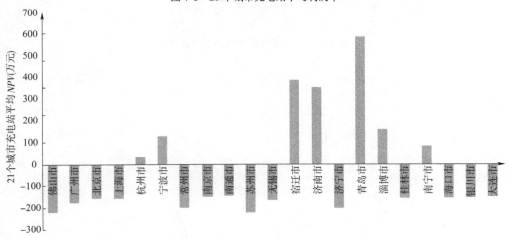

图 4-9 21 个城市充电站平均 NPV

3. 动态投资回收期

首先计算每个城市中所有充电站每年内的净现金流总和,然后除以该市内的充电站个数作为此城市在该年内的净现金流量,按照一定的充电量增加比例,逐年往后计算,直至该市充电站的累计净现金值出现正值,即累计的净现金量大于初期投资金额。对所收集到相应充电站的动态投资回收期计算结果如图 4-10 所示,除了如济南、青岛等少数几个城市能够在相对较短的时间周期内收回投资成本实现盈利外,其余几个城市的大部分充电站的初期投资成本均在 10 年左右才能收回。

为了更好地分析各市充电站的盈利能力情况,本书分别计算了各个城市内充电站的平均动态投资回收期,计算结果如图 4-11 所示。从计算结果中可以看出,大部分城市中的充电站的动态投资回收期在 10 年左右,即当考虑资金时间价值的情况下,充电站的投资回收期将进一步增加,其中周期最长的佛山市甚至达到了 27.4 年。由此可看出,现阶段我国大部分城市的充电站均存在投资成本高、成本回收期长等问题。

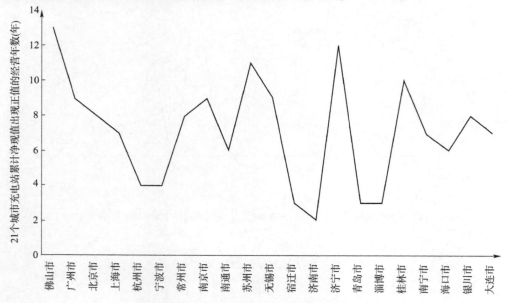

图 4-10 21 个城市平均动态投资回收期

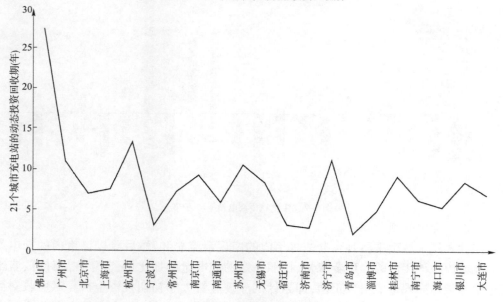

图 4-11 动态投资回收期

4. 敏感性分析

本文选取 NPV 作为敏感性分析的指标,选取购电电价、充电电价、国家补贴作为敏感性分析的不确定性因素。在充电站的运营成本中,购电成本占比达到 25%~30%,则当供电企业因为某些因素对供电价格进行调整时,将会在很大程度上对充电站的经济效益造成影响。由于充电站的收益主要源自充电服务的收入,所以单位电量充电电价的变化也会对充电站的经济效益造成影响。除此以外,国家补贴在充电站建设初期起着重要的作用。因此,本书现选择购电电价、充电电价和国家补贴作为敏感性分析的不确定性因素。利用敏感性因子e_i来衡量 NPV 对不确定性因素的敏感程度。其中e_i计算如下:

$$e_i = \left| \frac{\frac{\Delta NPV(x_i)}{NPV(x_i)}}{\frac{\Delta x_i}{x_i}} \right| \tag{4-36}$$

式中: x_i——某因素;

Δx_i——x_i的变化值;

$\Delta NPV(x_i)$——NPV 在 Δx_i影响下的变化值。

从表 4-4 和表 4-5 中可以看出,NPV 与购电电价呈负相关,NPV 与充电电价和国家补贴呈正相关。其中充电电价对 NPV 的影响较大,敏感系数为 1.40,购电电价和国家补贴对 NPV 的影响较小,敏感系数分别为 0.72、0.68。由此可以看出,对于一个运营的汽车充电站来说,对其经济效益影响最大的因素为充电电价,其次分别为购电电价与国家补贴。

敏感性分析　　　　　　　　　　　　　　　表 4-4

影响因素	变化比例(%)			
NPV	−20	−10	10	20
充电电价	−28.08	−16.13	16.13	28.08
购电电价	14.36	10.05	−10.05	−14.36
国家补贴	−13.51	−7.15	7.15	13.51

各因素敏感系数　　　　　　　　　　　　　表 4-5

影响因素	e^i	购电电价	0.72
充电电价	1.40	国家补贴	0.68

此外,为了更好地分析现阶段我国汽车充换电站的经济效益情况,本书对特来电、星星充电、深圳车电网及云快充 2020 年每个充电桩的年收入进行了计算,其中包含充电服务收入和碳减排收入两部分,计算结果如图 4-12 所示。其中最高的为深圳车电网,达到了 7.1 万元,其余三家平均每个充电桩的年收入分别为 2.7 万元、2.5 万元及 1.3 万元,由此可以看出四家运营商单桩的年收入并不高。

电动汽车充电设施的经济效益状况关乎汽车充换电基础设施的投资建设和规模化发展,而且经济效益指标往往是投资商投资建设充电站的关键参考因素之一,对充电站进行充分的经济效益分析能够为投资决策提供参考,同时也能够对充电站未来的规划与建设提供引导帮助。本部分首先通过对公开数据和调查问卷所获取的数据进行相应的财务指标计算与分析,如利润率、财务净现值等,对我国汽车充电桩发展现状作出了详尽的分析。除此之外,还计算了特来电、星星充电、深圳车电网及云快充这四家运营商 2020 年内平均每个充电桩的年收入情况,以此作为充电站经济效益分析的补充。分析结果表明,虽然目前充电基础设施行业看起来前景可观,但是在当前电动汽车还没有大规模普及的情况下,由于存在盈利模式模糊、充电站布局不合理等问题，目前公共充电桩存在较明显的废置情况，从而导致运营效益普遍较差，并具有明显的效益不均衡现象，凸显出充电基础设施优化的必要性和重要性。

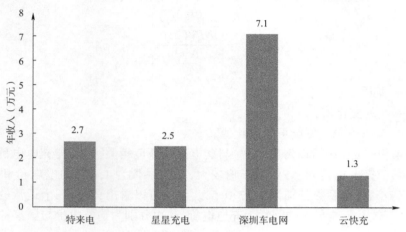

图4-12 平均每个充电桩年收入

三、微观充电基础设施效率分析

此处依旧假设提供快速充电服务的小型集中式充电站占地400m²，铺设有10个车位，配套10个80kW的落地式直流快速充电桩，服务的车型主要为轿车和小型物流车。弱电监控覆盖到出入口及每一个充电桩，消防项目根据充电站的大小配置足够的灭火器和消防砂箱，配置有办公室、配电室、监控机房、值班室、驾驶员休息室、小卖部。

根据充电桩监控系统和管理平台统计出有关站内车辆充电的统计数据见表4-6。

站内汽车充电数据　　　　　　　　表4-6

平均充电时长(min)	37
平均充电电量(kW·h)	21.28
平均日服务车辆数量(辆)	30
年运营天数(天)	360

根据所提出的效率分析模型，可以计算该充电站整体充电设备的综合效率为：

$$R_Z = A_Z \times S_Z \times Q_Z = 0.07708 \times 0.9717 \times 0.9671 \times 100\% = 7.24\%$$

从计算结果可以看出，因为该充电站内充电桩的时间利用效率很低，所以可以推测出在该充电站运营期间内，站内大部分充电桩常常处于闲置状态；充电桩的功率转化效率和使用效率很高，证明充电桩在将电网中的电能储存到汽车动力电池当中时展现出了相对较高的效率；但是从能更好地反映汽车充电装置运行效率的设备综合效率指标来看，该充电站内的充电桩运行效率还是处在一个较低的水平。

四、微观充电基础设施效益分析

选取某一个充电站一年内的效益数据为研究对象，该充电站初始投资成本主要包括建设成本、土地成本、设备成本、管理平台和监控系统的成本,具体金额见表4-7。年运营成本估算见表4-8。

初始投资　　　　　　　　　　　　　　　表4-7

项　目	明　细	合计(万元)
建设成本	办公楼、配电室、场地铺设	90
土地成本	面积400m²	40
充电设备	10套直流充电桩、配电设备	50
管理平台和监控系统	管理平台和监控系统的外设和软件	20

年运营成本估算(万元)　　　　　　　　　　　表4-8

年份	项目				
	电力成本	人工成本	维修成本	其他	合计
第1年	47	18	1.5	3	69.5
第2年	47	18	1.5	3	69.5
第3年	47	18	1.5	3	69.5
第4年	47	18	1.5	3	69.5
第5年	47	18	2	3	70
第6年	50	20	1.5	3	74.5
第7年	50	20	1.5	3	74.5
第8年	50	20	1.5	3	74.5
第9年	50	20	1.5	3	74.5
第10年	50	20	2	3	75

图4-13是该项目计算周期内的净现金流量变化图,由此得出该充电站的财务净现值 $NPV = -168.55$ 万元,净现值小于0,说明充电站在运营周期内处于亏损状态,其中财务净现值可由下式计算得到:

$$NPV = \sum_{n=1}^{T} \frac{R_N - E}{(1 + i_0)^n} - B \tag{4-37}$$

式中:R_N——充电站年总收入;

E——年运营成本;

B——初始投资成本;

T——项目运营年限;

i_0——基准收益率,根据我国行业基准收益率相关规定,取i_0为10%。

图4-14是计算该项目累计净现金流量,从图中可以看到累计净现金流量在第6年开始出现正值。根据静态回收期计算公式可以计算得到该项目静态回收期为6.8年,说明在周期10年内可以收回投资。

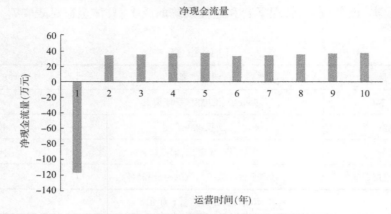

图 4-13　净现金流量变化图

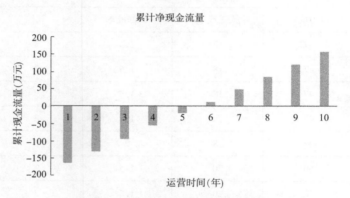

图 4-14　累计净现金流量变化图

五、环境指标分析

环境指标主要分析节约能耗成本和碳减排收益。计算所需参数见表 4-9。

环境指标参数　　　　　　　　　　表 4-9

参　数　名　称	数　据
该充电站服务的电动汽车平均每百公里耗电($kW\cdot h$)	17
同级别燃油汽车每百公里耗油量(kg)	5.8
火力发电标准煤煤耗($g/kW\cdot h$)	342
标准煤的碳排放系数(kg)	2.46
电能的折标准煤系数($kg/kW\cdot h$)	0.4
单位电价($元/kW\cdot h$)	0.725
碳排放交易价格(元/t)	165

根据表 4-10 可以计算得到每年该充电站共节约标准煤耗约 88t，每年节约能耗成本根据式(4-38)可以计算得到，每年节约能耗成本 = 88000 ÷ 0.4 × 0.725 = 15.95 万元。

年碳减排总量计算约为 366.74t，则可以计算得出，年碳减排收益 = 366.74 × 165 = 6.05 万元。

第四节 电动汽车充电行业发展势态分析

电动汽车的大范围推广需要充电桩的建设紧跟,而充电桩的运营效率效益依赖电动汽车市场的发展。在经历初期的起步和快速发展之后,电动汽车市场和充电桩市场均进入了调整期,我国在充电基础设施方面已形成了符合国情的技术基础和产业基础。但是,市场对充电基础设施科学合理布局与提高充电效率也提出了更高的要求,用户充电体验差而投资运营效益不佳的矛盾仍然突出,充电基础设施的总体发展水平还有待提高。

一、国内充电行业竞争格局

早在 2009 年,国家电网就已经开始大力投资电动汽车充电基础设施领域,不过由于早期投资成本巨大,且没有成熟的盈利模式,充电设施行业处于连年亏损状态,发展缓慢。直至 2014 年,国家电网宣布开放社会资本参与电动汽车充电设施建设,大量社会资本进入充电基础设施行业,充电设施建设迅速发展。经过几年的爆发式增长之后,充电市场的格局逐渐稳定下来,图 4-15 是全国排名前十位的运营商及其运营充电桩的数量,特来电、星星充电和国家电网三家充电设施运营商的市场占有率合计为 69%,接近七成。

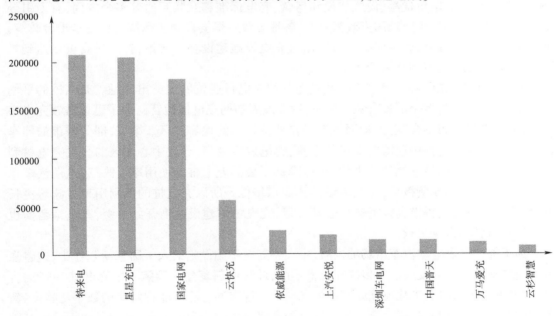

图 4-15 全国排名前十位运营商充电桩数量

根据图 4-15 可以看出,特来电公司运营的充电桩数量最多,而且占比很大。根据特来电公司的数据,该公司还正在加大投资建设充电桩。特来电在除了港澳台的所有省份都已经布局,包括新疆维吾尔自治区、西藏自治区以及东北地区,且在建数量也很多。特来电运营数据见表 4-10,特来电运营的充电桩包括私人桩在内已达到 269833 个,覆盖 334 座城市,总充电量超过 45 亿 kW·h。

特来电运营数据　　　　　　　　表4-10

覆盖城市(座)	334
总终端数(个)	269833
总充电量(kW·h)	4522553775
碳减排(t)	4623055
节油量(L)	2010023901

目前，龙头企业占据绝对大的市场份额，在构建统一网络平台方面具有非常大的优势。这些企业将倾向于建设数据层的基础设施，而中小运营商则更倾向于建设物理层的基础设施，这两者间会形成紧密的合作关系。很多小型充电运营商，根据其拥有的土地、电力、设备等资产优势，在一定区域内可以快速获得市场。随着电动汽车产业向乡镇、农村的推广，充电服务的这种区域性会更加明显。当地企业具有主场优势，而龙头企业具有数据处理的优势，所以中小型企业可以加盟龙头企业的网络平台，互利互惠。

二、充电设施发展方向

2015年以来，中央政策对充电行业的支持和引导体系逐渐成型，政策涵盖充电设施规划、建设运营奖励、电价优惠、设施建设和运营、充电标准和互联互通等多个方面，有力引导了充电市场的发展。为影响国家政策号召，各地方政府根据自身实际情况也逐步出台政策，推动当地的充电基础设施发展。多省市出台充电设施建设补贴政策，补贴最高可以达到投资额的30%，最高金额达500万元。

在效率方面，充电桩利用率低已经成为制约充电行业发展的突出问题。充电桩的平均利用率严重不足，与多个因素有关。第一，行业发展初期充电桩运营商为了迅速占领充电市场，造成充电桩分布不合理，大量网点布局在地价较低的偏僻地区。第二，部分城市的停车位资源紧张，充电过程中还需要支付停车费，充电成本较高，导致中心城区的公共充电桩利用率较低；还有充电桩被燃油车占位，这也降低了公共充电桩的使用率。第三，电动汽车保有量占汽车总量的比例极低，充电电量总体需求偏低。所以充电桩的低利用率意味着更长的投资回报周期，使得市场投资热情逐渐衰退，充电桩的建设速度开始放缓，充电运营商也将工作重点转向市场运营。

为了加快推进电动汽车市场的发展，中央将充电基础设施纳入了国家新基建中，这将强有力地推动充电产业发展。与传统充电桩不同，此次的新基建政策赋予了充电桩"新"的含义，充电桩在未来将会进化成互联互通的充电网。这次的基建有非常鲜明的数字化特征，新基建的本质是数字基建，所以充电设施的投资和建设也会分为两方面，分别是数据层的基础设施和物理层的基础设施。只有简单充电功能的传统充电桩不再算作新基建，只有在互联互通的基础上才能建立庞大的充电网络，互联互通的重要作用在于实现不同桩之间和不同运营商之间的信息共享，提高充电设施的利用效率。

效益方面，在现阶段的运营模式下，充电基础设施运营商的收入来源主要是充电服务费，而仅仅依靠这种单一运营模式非常难以盈利，充电设施运营商普遍亏损。对于行业龙头企业，特来电从2014年进入新能源充电产业，到2019共5年累计投资50多亿元，投入研发

10亿元,前4年一共亏损6亿元。2019年4月,特来电才跨过盈亏平衡线,达到年投资与收入相抵,开始盈利。而且由于前期投资成本高、充电桩使用率极低、充电设施分散布局,导致运营维护困难,造成了目前大量中小型公司无法盈利。

早期的商业模式主要围绕车和人。对于车,提供的是充电过程中的销售增值服务;对于人,则是利用充电间隙带动车主和乘客进行消费。未来的商业模式可能将更多围绕电池和空间展开,电动汽车可能通过充放电参与电网的调度与储能工作;如果电动汽车进一步普及,电动汽车可以作为独立工作空间,可能催生出不同的商业模式。其中,"车网互动"(V2G)是充电行业内很受关注的方向之一。由于目前电网的用电峰谷差逐年变大,电力系统需要灵活性的电力补充来源提升系统的调节能力。而电动汽车作为一种灵活的储存电能装置,可以参与到电力系统的调节中,车主也可以通过峰谷价差降低用电成本。2020年4月,国家电网华北分部将V2G充电资源纳入华北电力调峰辅助服务市场,这是在国内首次V2G正式结算。V2G是系统性工程,主要涉及电动汽车、充电设施和电网三个环节,需要将各个环节打通,才能比较顺利地推广。但是,在现有市场环境下,V2G很难实现车企、充电运营商、用户和电网的多方受益。V2G会增加车企和充电桩的生产成本,用户收益低也会降低参与意愿。然而V2G未来有很大的潜力,利用V2G实现数以千万计的虚拟电厂与能源节点,这将是移动能源互联网得以落地的最典型场景。

依托于国家的新基建计划,充电桩将会是车联网、充电网和互联网的优良入口,充电基础设施运营商可以通过大数据平台的支撑,由单一充电服务向提供增值服务拓展,如大数据应用、电动汽车销售、充电设备销售、广告服务、金融保险等,实现充电网综合业务的盈利模式。充电行业产业化发展是未来电动汽车产业的发展趋势。

第五章　充电基础设施政策研究

第一节　中国充电基础设施支持政策

一、国家层面充电基础设施支持政策

我国充电基础设施发展配套政策持续完善。尤其是2014年后，随着《国务院办公厅关于加快电动汽车推广应用的指导意见》的出台，我国政府对充电设施的支持力度不断加强。

2014年7月，国家发展改革委发布《关于电动汽车用电价格政策有关问题的通知》，提出经营性集中式充换电设施执行大工业电价，居民充电基础设施执行居民合表电价，半公共区域设施执行一般工商业电价，并推荐采用峰谷电价；由省级政府出台集中经营式充换电服务费价格。

2015年，国务院发布《国务院办公厅关于加快电动汽车充电基础设施建设的指导意见》，国家发展改革委等四部门发布《电动汽车充电基础设施发展指南（2015—2020）》，提出到2020年我国将新增集中式充换电站超过1.2万座，分散式充电桩超过480万个。

2016年1月，财政部等五部门发布《关于"十三五"新能源汽车充电基础设施奖励政策及加强新能源汽车推广应用的通知》，指出2016—2020年中央财政将继续安排资金对充电基础设施建设、运营给予奖补，根据不同省市电动汽车推广完成情况，分别给予3000万元到2亿元的资金奖励。

2016年7月，国家发展改革委等四部门发布《关于加快居民区电动汽车充电基础设施建设的通知》，进一步明确了居民区充电设施建设的责权利，制定了《居民区电动汽车充电基础设施建设管理示范文本》，以解决居民区电动汽车充电基础社会建设难题。

2017年1月，国家发展改革委等四部门发布《关于统筹加快推进停车场和充电基础设施一体化建设的通知》，在具备条件的城市整合各类停车资源，鼓励引导有实力的停车场管理企业及充电服务企业开展停车充电一体化项目建设运营。到2020年，居住区停车位、单位停车场、公交及出租车场站、公共建筑物停车场、社会公共停车场、纳入国家充电基础设施专项规划的高速公路服务区等配建的充电基础设施或预留建设安装条件的车位比例明显提升，有效满足电动汽车充电基本需求。

2017年1月，国家能源局等三部门制定《关于加快单位内部充电基础设施建设的通知》，提出到2020年，公共机构新建和既有停车场规划建设配备充电设施（或预留建设安装条件）比例不低于10%；中央国家机关及所属在京公共机构比例不低于30%；在京中央企业比例力争不低于30%。

2018年，国家发展改革委等四部门联合印发《提升电动汽车充电保障能力行动计划》，推动各地出台在公交、环卫、邮政、出租、通勤、轻型物流配送车辆等领域使用电动汽车并建设充电基础设施的实施计划，鼓励地方充分发挥奖补政策作用。

2018年6月，国务院印发《国务院关于印发打赢蓝天保卫战三年行动计划的通知》，指出积极调整运输结构，发展绿色交通体系，推广使用电动汽车，在物流园、产业园、工业园、大

型商业购物中心、农贸批发市场等物流集散地建设集中式充电桩和快速充电桩。

2020年8月,交通运输部发布《交通运输部关于推动交通运输领域新型基础设施建设的指导意见》(交规划发〔2020〕75号),指出要引导在城市群等重点高速公路服务区建设超快充、大功率电动汽车充电设施。

2020年8月,住房城乡建设部印发《关于开展城市居住社区建设补短板行动的意见》(建科规〔2020〕7号),提出落实《完整居住社区建设标准》。该标准要求完备市政配套基础设施方面,新建居住社区按照不低于1车位/户配建机动车停车位,100%停车位建设充电设施或者预留建设安装条件。

二、国内主要城市充电基础设施支持政策研究

按照是否涉及针对特定对象的经济类奖励或惩罚,充电基础设施的政策工具可以划分为经济类工具和非经济类工具。按照施策对象的不同,可以分为针对运营商的政策工具、针对物业的政策工具、针对用户的政策工具和针对单位的政策工具四个方面,其中,地方政策的主流政策工具重点针对运营商实施。

(一) 经济类政策分析及应用

经济类政策工具指用经济手段对特定群体进行激励的政策措施,充电基础设施的经济类政策工具包括针对符合条件的运营商提供充电设施建设补贴、充电设施运营补贴、充电平台建设和运营补贴等,针对物业或停车场业主提供停车位补贴、针对物业充电设施建设考核实施奖励或惩罚、针对单位配建充电设施实施奖励或惩罚(如将单位配建情况纳入节能减排考核)等,针对用户实施的用电价格优惠或补贴、充电期间减免停车费等。

(二) 非经济类政策类型及应用

充电基础设施的非经济类政策工具,主要指使用货币刺激方式之外的政策措施。从充电基础设施建设运营的生命周期角度进行界定,非经济类政策工具主要包括规划环节工具、建设环节工具、运营环节工具等。规划环节的主要政策工具包括:针对新建小区、办公场所或公共场所提出充电设施预留安装条件或配建比例要求,对改造现有停车场或建筑物提出配建比例要求,发布充电设施规划的近期和远期目标,明确工程建设标准与管理规范等;建设环节的主要政策工具包括:针对公共充电设施优先安排土地供应、简化规划建设审批的流程(如个人在自有停车库、停车位,各居住(小)区、单位在既有停车位安装充电设施的,无须办理建设用地规划许可、建设工程规划许可证和施工许可证)、电网开辟充电设施建设的绿色通道、明确充电设施的安装/验收流程、鼓励小区公共区域建设充电设施等;运营环节的主要政策工具包括:建设统一充电服务平台、制定充电设施运营的要求或规范、支持引入充电设施保险机制、明确充电设施的安全生产管理职责等。另外,非经济类政策工具还包括鼓励新型充电商业模式、支持关键技术研发以及加强宣传和舆论监督等措施。

(三) 充电基础设施政策分析框架

充电基础设施主要政策工具如图5-1所示。

本书收集了自2015年以来我国31个省(自治区、直辖市)(不包括台湾省和香港、澳门特别行政区)公开发布的充电基础设施政策,并进行了政策工具的对比和梳理,典型省(自治区、直辖市)充电基础设施政策工具应用情况见表5-1。

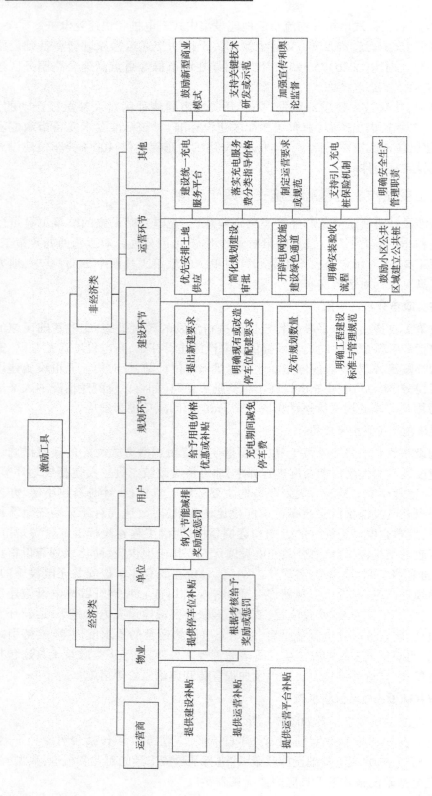

图 5-1 充电基础设施主要政策工具一览

表 5-1 典型省（自治区、直辖市）充电基础设施政策工具应用情况

	经济类手段						非经济类手段																
	运营商			用户	物业	单位	规划环节				建设环节					运营环节					其他		
城市	提供建设补贴	提供运营奖励或补贴	提供运营平台补贴	用户用电价格优惠或补贴	提供奖励补贴或惩罚	单位/高速公路配建情况纳入节能减排考核或奖励	提出新建要求	明确现有或改造停车位配建要求	发布规划数量	明确工程建设标准和规范	优先安排土地供应	简化规划建设审批	电网开辟建设绿色通道	明确安装验收流程	鼓励小区公共区域建设充电桩	建设统一充电服务平台	落实充电服务费分类指导价格	制定运营要求或规范	支持引入充电保险机制	明确安全生产管理职责	鼓励新型商业模式	支持关键技术研发或示范	加强宣传和舆论监督
北京	√	√		√	√	√	√	√	√	√	√	√	√	√	√	√	√	√	√	√	√	√	√
上海	√	√	√	√		√	√	√	√	√	√	√	√	√	√	√	√	√	√	√	√		√
天津	√		√				√	√	√		√	√	√	√	√	√	√	√			√		
广东	√				√	√	√	√	√	√	√	√	√	√	√	√	√	√			√	√	
浙江				√		√	√	√	√		√	√	√	√	√	√	√	√	√	√	√	√	√
安徽	√		√	√	√		√	√	√		√	√	√	√		√			√		√	√	√
海南	√	√				√	√	√			√	√	√	√	√	√		√				√	√
河南						√	√		√		√	√	√			√	√	√			√		√
四川									√		√		√				√	√				√	√

电动汽车充电基础设施优化研究

续上表

	经济类手段						非经济类手段														其他		
	运营商			用户	物业	单位	规划环节				建设环节				运营环节								
城市	提供建设补贴	提供运营奖励或补贴	提供运营平台补贴	用户用电价格优惠或补贴	提供奖励补贴或惩罚	单位/高速公路配建情况纳入节能减排考核或奖励	提出新建要求	明确现有或改造停车位配建要求	发布规划数量	明确工程建设标准和规范	优先安排土地供应	简化规划建设审批	电网开辟建设绿色通道	明确安装验收流程	鼓励小区公共区域建设充电桩	建设统一充电服务平台	落实充电服务费分类指导价格	制定运营要求或规范	支持引入充电保险机制	明确安全生产管理职责	鼓励新型商业模式	支持关键技术研发或示范	加强宣传和舆论监督
重庆	√					√	√	√	√	√	√	√	√	√			√	√					
湖南	√	√				√	√	√	√	√	√	√	√	√			√	√					
江西	√	√					√	√	√	√	√	√	√		√	√	√	√	√		√		√
云南	√					√	√	√	√	√	√	√	√		√	√	√					√	√
甘肃	√						√	√	√	√	√	√	√			√					√	√	√
广西	√				√		√	√	√	√	√	√	√		√	√	√				√		√
新疆							√	√	√	√	√	√	√			√	√						√
青海		√					√		√	√	√	√	√				√	√				√	
宁夏										√	√	√	√					√					

注:其中1~7行、8~14行、15~18行所包含的省(自治区、直辖市)分别属于《电动汽车充电基础设施发展指南(2015—2020年)》中设定的加快发展地区、示范推广地区和积极促进地区。

2015年10月,国家发展改革委、国家能源局、工业和信息化部和住房城乡建设部联合发布《电动汽车充电基础设施发展指南(2015—2020年)》,按照电动汽车的发展水平和条件将我国划分为三类地区——加快发展地区、示范推广地区和积极促进地区。对比了这三类地区充电设施政策工具的应用情况,发现在电动汽车发展条件较好的加快发展地区,普遍较早推出了充电基础设施发展规划和建设运营管理办法等文件,覆盖了包括充电设施各环节在内的支持政策工具,并有部分省(自治区、直辖市)率先开展了一些前沿政策工具的探索使用。如北京市发布了《电动汽车充电基础设施规划设计标准》《北京市电动汽车社会公用充换电设施安全生产管理办法(试行)》、2018—2019年度及2019—2020年度《北京市电动汽车公用充电设施运营考核奖励实施细则》等文件,通过地方建筑设计标准严格落实充电设施新建比例要求,探索实施了充电设施运营奖励方案,并明确了充电设施行业和企业安全生产责任;上海市率先提出了不同场所充电设施建设的流程等政策工具,尤其是在小区公共区域充电设施建设运营等方面提供了宝贵的经验,在《关于进一步加强电动汽车充电基础设施规划建设运营管理的通知》中,提出了将单位内部停车场(库)配建充电设施情况纳入节能减排考核范围、高速公路服务区配建充电设施情况纳入高速公路运行管理考核范围等措施,有力推动了单位内部和高速公路充电设施的建设。广东省提出将电动汽车充电设施建设纳入绿色建筑评价标准及绿色交通体系指标,可将配合建设充电设施纳入对物业服务企业的考核评价体系。

示范推广地区的省(自治区、直辖市)也大多按照国家要求出台了充电基础设施发展规划和建设运营管理办法等文件,政策工具的数量相对加快发展地区略少,对各参与主体的经济类补贴工具仍显单一。部分地区的政策工具相对有力,如江西和贵州的政策工具同时覆盖了提供建设补贴和运营补贴,山西明确规定在已建成小区改造10%停车位建设充电设施等。而在黑龙江、内蒙古、吉林等省份,省级政策工具普遍较少,只在省会城市层面出台了一些经济类的支持政策。

积极促进地区的省(自治区、直辖市)出台的充电设施政策仍然较少,如西藏自治区在省级层面未出台充电设施的相关支持文件,青海省只出台了充电设施建设管理暂行办法。这些地区受到地方财政资金的制约以及地理、温度等因素的影响,电动汽车发展相对缓慢,充电设施覆盖的政策工具数量相对较少,省级经济类支持政策也几乎没有。

第二节 中国典型城市电动汽车充电基础设施政策对比研究

一、深圳充电基础设施政策研究

1. 战略规划

1)深圳市低碳发展中长期规划(2011—2020)

2012年,深圳市制定出台了《深圳市低碳发展中长期规划(2011—2020年)》,提出二氧化碳排放控制和电动汽车推广目标:到2020年将二氧化碳排放量与2005年的水平相比减少45%,成为全国二氧化碳减排榜样。到2015年底推广电动汽车50000辆,到2020年推广电动汽车100000辆。该计划每年资助人民币2亿元。

2）深圳市推进新能源工程车产业发展行动计划（2019—2021年）

2019年4月，深圳市工业和信息化局发布《深圳市推进新能源工程车产业发展行动计划（2019—2021年）》，计划提出，统筹现有相关专项资金，大力推动新能源工程车核心技术攻关、创新平台建设及产业化应用。按照国家和深圳市补贴政策对社会主体采购新能源工程车给予财政资金补贴，积极推动新能源工程车普及应用。支持扩大直接融资比重，支持符合条件的新能源工程车企业在境内外各层次资本市场开展股权融资。

2. 电动汽车政策

深圳市作为中国推广电动汽车最早、发展速度最快的城市之一，在电动汽车与充电设施的支持政策方面也一直处于领先地位。

财政补贴包括推广应用地方补贴、超额减排奖励补贴和促消费补贴等政策。

1）购置补贴

2020年2月，深圳发布了《深圳市2019—2020年电动汽车推广应用财政补贴实施细则》，对在深圳市范围内运营里程达到2万km的新能源车辆给予补贴，按照不同时间段国家补贴标准的50%进行补贴（三个时间段分别为2019年1月1日—2019年3月25日，2019年3月26日—2019年6月25日，2019年6月26日—2020年12月31日）。

根据财建〔2015〕134号和财建〔2018〕18号文要求，补助的产品为纳入"电动汽车推广应用工程推荐车型目录"的纯电动汽车、插电式混合动力电动汽车和燃料电池电动汽车。对除私人购买电动汽车、作业类专用车（含环卫车）、党政机关公务用车、民航机场场内车辆等以外的电动汽车，申请财政补贴的运营里程为2万km。

在《深圳市人民政府关于印发深圳市电动汽车推广应用若干政策措施的通知》《深圳市2016年电动汽车推广应用财政支持政策》中，提出2015、2016年深圳市地方政府按照与中央补贴1∶1的标准进行购置补贴。在《深圳市2017年电动汽车推广应用财政支持政策》《深圳市2018年电动汽车推广应用财政支持政策》中也提出了2017、2018年度电动汽车财政补贴的标准，地方补贴基本按照0.5倍中央补贴的比例进行，燃料电池电动汽车按照与中央补贴1∶1的标准进行补贴。

2）一次性充电补贴

2016年，对纯电动乘用车及插电式混合动力乘用车（含增程式），分别给予一次性充电补贴5000元、1000元。对载重3t及以下轻型、微型货车，并取得深圳市交通运输管理部门营运许可的，按电池容量600元/（kW·h）的标准，给予一次性充电补贴。2017年起，此政策未延续。

2013年—2015年，对个人、企业购买使用新能源乘用车，给予使用环节补贴，主要包括机动车交通事故责任强制保险费、路桥费、充电费、自用充电设施及安装费等补贴，标准从1万～2万元不等。

3）公交车运营补贴

在2017年12月，深圳市发布《深圳市2015年—2019年城市公交车成品油价格补助及新能源运营补助办法（试行）》，在2015年—2019年期间，对于全年正常运营，且年度运营里程不低于3万km的节能与新能源公交车给予补贴，最高可达8万元/辆/年。

根据补助办法，公交企业年度新能源运营补助总额根据公交企业申报的节能与新能源公交车车辆数、车辆类型、车辆长度、实际运营时间和里程等指标进行分配,对于全年正常运营,且年度运营里程不低于3万km的节能与新能源公交车,给予每年每辆车2万~8万元补贴。对于考核年度因新增及更换、退出运营等原因造成实际运营时间不足一年的节能与新能源公交车,运营里程以实际运营时间按月折算,月均运营里程高于2500km(含2500km),即可享受新能源运营补助,相应公交车辆运营补助标准按照实际运营月份进行折算。

另外,公交企业年度新能源公交车推广应用目标完成情况与年度国家燃油补助资格挂钩,对于2016—2019年未完成考核目标的公交企业,将扣除其未完成考核目标年度的国家燃油补助中的涨价补助部分。

4)超额减排奖励和更新减排奖励

为了促进特定车辆的电动化更换,深圳市针对出租汽车和泥头车推出了超额减排奖励等奖励措施。

(1)出租汽车。

①资金奖励:对2017年1月1日—2018年12月31日,将燃油出租汽车或纯电动出租汽车更新为纯电动出租汽车的和使用当年奖励等其他新增指标购买纯电动出租汽车的出租汽车经营企业,续驶里程≥350km,年均行驶里程达到10万km及以上的纯电动出租车辆,给予一次性超额减排奖励16.48万元/车。鼓励出租汽车企业提前应用纯电动出租汽车,对于提前将燃油车更新为纯电动出租汽车的,在享受正常更新减排奖励的基础上,额外再给予提前更新减排奖励,奖励标准为:剩余年限应计提折旧额×80%,且最高不超过3.2万元/车。

在2016年购置的出租汽车,给予一次性营运补贴(购车环节)和更新补贴。

②指标经营权奖励:对到期更新、新增投放、提前更新、规模更新和全部更新的出租汽车,给予一定的纯电动巡游出租车经营权指标奖励。

(2)泥头车。

2018年11月,发布《深圳市纯电动泥头车超额减排奖励实施办法》。奖励对象为自办法实施之日起至2019年12月31日期间取得深圳市纯电动泥头车营运资格证件,并在本市从事泥头车运营的运输企业或设备租赁企业。对符合奖励条件的纯电动泥头车给予超额减排奖励80万元/车。纯电动泥头车生产企业提供考核担保的,奖励资金一次性发放;没有提供考核担保的,奖励资金分年度考核发放(共5年),考核合格的,按照16万元/车/年发放。

5)促消费补贴

为促进农村汽车消费,广东省财政安排12亿元支持开展2020年汽车下乡专项行动。鼓励汽车整车制造企业对本省农村居民让利,在企业每辆车让利不低于1万元的基础上,省级财政对本省农村居民新购买新能源汽车或燃油汽车的,在新能源汽车使用环节或燃油汽车购车资金上,每辆车分别给予1万元、0.5万元补贴,帮助农村居民购车每辆综合成本节约1.5万~2万元。鼓励淘汰国三及以下标准旧车辆,对农村居民在汽车销售企业以旧换新的,除享受财政补贴外鼓励汽车销售企业给予增值服务。

6)停车优惠政策

自2016年9月起,符合条件的电动汽车,当日在路内停车位首小时停车免费。在2020年6月发布的《深圳市应对新冠肺炎疫情影响促进电动汽车推广应用若干措施》中,提出2020年6月7日—2020年12月31日,深圳全市路内停车位,电动汽车每日免首2h临时停车费,或者每日首次停车时间1h以内(包括1h)的,第二次停车免1h临时停车费。

在深圳注册登记并已领取固定车牌号的电动汽车在深圳市道路停车位停放时,同时符合以下条件的,依照规定享受优惠政策:①车辆属于《深圳市电动汽车推广应用若干政策措施》第四条所列的电动汽车,即已列入工业和信息化部颁布的汽车产品公告目录的纯电动汽车、插电式(含增程式)混合动力电动汽车和燃料电池电动汽车。②车辆属于《深圳市机动车道路临时停放管理办法》第二条规定允许道路临时停放的机动车,即包括微型、小型、中型客车及微型、轻型货车。

7)注册费优惠

插电式混合动力电动汽车10元,纯电动汽车20元。

8)电动汽车专用停车位

在公共停车位设置电动汽车专用停车位。

9)动力电池回收补贴政策

对于在深圳市销售电动汽车的企业,包括本地生产企业和外地生产企业在深圳授权的法人销售企业,应当按20元/(kW·h)的标准专项计提动力蓄电池回收处理资金。对已按要求计提动力蓄电池回收处理资金的企业,按经审计确定金额的50%对企业给予补贴,补贴资金应专项用于动力蓄电池回收。即生产者回收动力蓄电池的补贴金额为10元/(kW·h)。

满足条件为:在深圳市销售电动汽车的企业,包括本地生产企业和外地生产企业在深圳的法人销售企业,应当建立动力蓄电池回收渠道,负责回收电动汽车使用及报废后产生的废旧动力蓄电池。一是在电动汽车销售后及时将电池生产、车辆生产、车辆销售、车电匹配等信息上传至电动汽车国家监测与动力蓄电池回收利用溯源综合管理平台。二是在深圳指定不少于5家维护网点负责维修、更换和回收动力蓄电池,并定期向社会公示网点信息。三是维护网点按"换一收一"方式,对废旧动力蓄电池进行回收,并在动力蓄电池移交后及时向汽车生产企业报送整车识别码和动力蓄电池编码重新匹配信息、废旧动力蓄电池回收信息、去向信息。

10)道路通行优惠

对纯电动物流车和环卫平板车(桶装垃圾运输车)给予全天候、全路段通行优惠。

11)碳账户积分减排

2015年,深圳市设立了"绿色出行碳账户",未来主动申请机动车停用少用的市民可获得碳积分奖励。使用碳积分可以更换一些电子产品以及生活用品。碳积分的使用可以有效促进市民绿色出行。

3. 充电基础设施政策

深圳市发布的充电基础设施政策主要有:

(1)《深圳市发展改革委关于印发＜深圳市电动汽车充电基础设施验收方案＞的通知》(深发改〔2015〕1757号)。

(2)《市交通运输委关于印发政府产权公交场站加建新能源充电设施管理规定(试行)的通知》(深交〔2016〕181号)。

(3)《深圳市电动汽车充电设施管理暂行办法》(深发改规〔2018〕3号)。

(4)《关于我省新能源汽车用电价格有关问题的通知》(深发改〔2018〕791号)。

按照前面的政策分析框架,可以总结主要政策如下。

1)配建比例要求

(1)充电设施小区配建要求:2013年起,在新建小区和已建小区设置充电设施配置比例要求。2013—2015年,在已建住宅小区要求按照5%的停车位建设充电设施,商业地产按照总停车位10%的比例配置充电设施,新建小区充电设施建设比例为30%。慢速充电设施须纳入新建建筑设计规范、绿色建筑设计标准及节能评估规范,保证充足电力增容,布线覆盖所有车位。

(2)2016年调整配建比例要求为:按照"适度超前"的原则,新建住宅、大型公共建筑物和社会公共停车场应按停车位数量的30%配建慢速充电桩,并100%预留建设安装条件;已建住宅、大型公共建筑物和社会公共停车场按停车位数量的10%配建慢速充电桩;已建政府机关、国有企事业单位等非经营性停车场按停车位数量的20%配建慢速充电桩。

2)财政补贴

2019—2020年,对于已办理深圳市社会投资项目备案或核准,进行节能审查并取得节能审查意见,符合国家、行业相关标准规范和广东省、深圳市充电设施建设运营管理有关规定,非新建建筑配套建设的充电设施,建设企业在深圳市累计投资建设的充电设施功率达到8000kW,可申请补贴,同一建设企业首次申领补贴后,新增建设功率达到3000kW,可再次申请。申请补贴的企业应建立(或委托建立)企业充电设施安全监控平台,并接入深圳市统一充电设施安全监管平台。补贴标准为直流充电桩400元/kW,40kW及以上的交流充电桩补贴标准为200元/kW,40kW以下的交流充电桩补贴标准为100元/kW。

2018年发布的建设充电设施的补贴标准为:不是在新建的建筑建设,总功率达到8000kW,对于达到标准的运营商,直流快充桩的补贴标准为600元/kW,40kW交流慢充桩的补贴标准为300元/kW,不足40kW的交流慢充桩补贴标准为200元/kW。可见补贴标准呈逐渐减少的确实,减少的补贴额在50%~100%。2017年补贴标准为直流充电桩600元/kW,交流充电桩300元/kW。2016年补贴标准为:对公交车、出租汽车、物流车、环卫车、租赁车等专属充电站的交流、直流充电设备均给予补贴,对其他充电站(桩)仅补贴交流充电设备;按照充电设施(站、桩、装置)装机功率,直流充电设备补贴标准为300元/kW,交流充电设备补贴标准为150元/kW。2013—2015年,对充电站总投资的30%给予财政补贴。

3)用电政策

深圳市各类已安装独立电表的电动汽车充电设施用电,按报装容量执行相对应的大量用电或高需求用电电价标准。报装容量在100kVA及以下,或者公用变压器接入的充电设施,按大量用电相对应的电价标准执行。自2018年7月1日起,广东省各地级以上市价格主管部门制定的各类电动汽车充电服务费标准上限,最高不得超过0.8元/(kW·h)。此前充电服务费的上限标准也几经调整。2013—2015年为0.45元/(kW·h),2016年1月1日调整为1元/(kW·h),后又调整为目前的0.8元/(kW·h)。

4)布局规划方面

用地政策:2013—2015年,单独新建充电站项目,采取招拍挂方式出让或租赁方式供地,并积极探索按照"公用设施用地"性质供地。与新建停车场配套的充电设施用地,纳入停车场用地一并供应。

2013—2015年:各区(新区)重点在客运交通枢纽、体育场馆、政府及公共停车场(位)、路内临时停车位、公交综合车场、公园、"的士码头"等合理布局建设快速充电桩,研究探索在现有加油站加装快速充电桩。原则上 5~10km² 要求布局集中式充电服务点。2015年底前全市新增1800个快速充电桩,其中宝安、龙岗、南山不低于300个,福田、罗湖、龙华不低于200个,光明、坪山不低于100个,盐田、大鹏不低于50个。

根据国务院办公厅发布的《电动汽车充电基础设施发展指南(2015—2020年)》,深圳市属于加快发展地区的电动汽车推广应用城市,布局要求为:城市核心区公共充电设施服务半径小于0.9km,电动汽车与公共充电设施比例不高于7:1。

深圳用不同的车桩比来控制公共区域充电设施的建设数量,如对于私家车,规定合适车桩比为25:1,对于出租汽车,适合的车桩比为5:1。

5)物业方面

2013—2015年:鼓励物业管理公司安装充电设施,并将其纳入绿色物业管理星级评价标准。

6)用户方面

给予一次性充电补贴。2016年,对纯电动乘用车及插电式混合动力乘用车(含增程式),分别给予一次性充电补贴5000元、1000元。对载重3t及以下轻型、微型货车,并取得深圳市交通运输管理部门营运许可的,按电池容量600元/(kW·h)的标准,给予一次性充电补贴。

在充电设施的规划、建设和运营等环节,深圳市出台了大量的政策,包括出台新建建筑设计规范,出台土地优惠政策,明确安装验收流程等,制定运营商运营规范,明确安全生产职责,并建立了地方充电设施统一监控平台等,有力地促进了深圳市充电设施的建设和发展。

另外,深圳在鼓励新型商业模式、支持关键技术研发和示范以及加强舆论宣传等方面也走在了各城市的前面。

二、上海充电基础设施政策研究

上海市电动汽车及充电基础政策如图5-2所示。

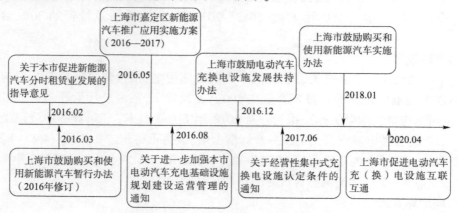

图5-2 上海市电动汽车及充电基础设施政策

1. 战略规划和计划

2017年3月,上海市政府印发《上海市能源发展"十三五"规划》,规划指出,上海市出台的《上海市鼓励电动汽车充换电设施发展暂行办法》是国内首个地方性充电设施鼓励支持政策,到2015年底,上海市累计建成充电设施超过2万个。规划提出科学规划布局充换电设施,坚持"按需建设、适度超前、经济实用、安全可靠"的原则,支持社会相关方开展充换电设施建设运营。加快建设上海市充换电设施公共数据采集与监测平台,支持充换电设施的互联互通。到2020年,投入运行的电动汽车充电设施总量不少于20万个。推进分布式光伏、地热能利用、电动车充电桩等新能源领域的行业标准制定。

2020年5月,上海市人民政府关于印发《上海市推进新型基础设施建设行动方案(2020—2022年)》的通知,提出积极推进电动汽车充电设施布局,三年内新建10万个电动汽车充电桩,建设45个左右出租汽车充电示范站,积极引导公用、专用充电设施接入市级平台,强化对充电设施的科学管理和高效使用,支持电动汽车发展。

2. 电动汽车政策

1)购置补贴

2016年补贴政策:乘用车按照车辆续驶里程给予补助,客车按照车辆续驶里程和单位载质量能耗消耗率指标给予不同补助金额,专用车和货车按照电池容量给予每kW·h不超过1500元的补助,燃料电池按照车型给予不同金额的补助,燃料电池乘用车、商用客车和专用车的补助金额分别为30万元/辆、40万元/辆和60万元/辆。除燃料电池外,上海市的补助标准按照累计销量逐步退坡。

电动汽车生产厂商按照扣除中央和本市财政补助后的价格,将电动汽车销售给消费者。除燃料电池电动汽车外,国家和本市财政补助总额,原则上最高不超过车辆售价的50%。

2018年补贴政策(有效期到2020年12月31日):对符合条件的纯电动汽车,按照中央财政补助1:0.5给予本市财政补助;对符合条件的插电式混合动力(含增程式)电动乘用车,且发动机排量不大于1.6L的,按照中央财政补助1:0.3给予本市财政补助;对纳入《上海市燃料电池汽车发展规划》有关示范应用规划,符合本市燃料电池电动汽车示范运行有关技术标准,并在本市确定的燃料电池电动汽车商业运营示范区内运行的燃料电池电动汽车,按照不超过中央财政补助1:1的比例给予本市财政补助。

2)专用牌照和营运额度优先发放

2016年补贴政策:消费者购买电动汽车用于非营运且个人消费者名下无在本市注册登记电动汽车的,本市免费发放专用牌照额度。对使用专用牌照额度的电动汽车,实行一车一牌制度,不予办理退牌业务,且自专用牌照额度启用之日起3年内,不得转让过户。

消费者购买电动汽车用于营运,涉及行业许可管理的,市有关行业管理部门在现有管理规定框架下,优先发放相关专用营运额度,支持运营车辆的额度需求。按照全市小客车总量控制要求,优先保障用于分时租赁的纯电动汽车额度需求。原则上按需核发,每年额度安排不少于4000辆。

道路通行优惠措施:为缓解交通拥堵,采取机动车限行措施时,应当对电动汽车给予优惠和通行便利。

3. 充电设施政策

1) 配建比例要求

在上海市充电设施发展专项规划中,提出不同地区充电设施配置的比例要求。

(1) 住宅小区。

新建住宅,配建停车位应100%建设充电设施或者预留建设安装条件(包括预留充电设施、管线桥架、配电设施、电表箱安装位置及用地,电力容量预留、管线预埋,下同)。鼓励在公共停车位配建一定数量的充电设施。

已建住宅,根据实际需求建设充电设施,到2020年具备条件的住宅小区按照不低于总停车位数量5%的比例配建充电设施或预留建设安装条件。

(2) 办公场所、独立用地公共停车场、商业、公建等公共停车场。

新建停车场,一类地区具有充电设施的停车位应不少于总停车位的15%;二类地区具有充电设施的停车位应不少于总停车位的12%;三类地区具有充电设施的停车位应不少于总停车位的10%。鼓励在此基础上增配充电设施。

已建停车场,根据实际需求建设充电设施,到2020年具备条件的停车场按照不低于总停车位数量5%的比例配建充电设施。鼓励在此基础上增配充电设施。

(3) 停车换乘(P+R)停车场。

新建停车场,具有充电设施的停车位应不少于总停车位的15%。已建停车场,根据实际需求建设充电设施,到2020年具备条件的停车场按照不低于总停车位数量5%的比例配建充电设施。鼓励在此基础上增配充电设施。

(4) 道路停车场。

高架桥孔。具备条件的高架桥孔应优先用于充电设施建设,具有充电设施的停车位占总停车位的比例:一类地区15%,二类地区12%,三类地区10%。具备条件的停车场应在2020年前按上述要求配建充电设施。

路内停车泊位。以不增加交通拥堵为原则,结合智慧路灯建设,在路外充电设施不足的前提下,可利用小区周边道路停车资源建设时段性公用充电设施。

(5) 高速公路服务区。

充电设施应纳入高速公路配套设施建设要求,新建高速公路服务区每处停车场应至少配建8个直流快充桩。已建成的高速公路服务区和有条件改造增建充电设施的加油站,到2020年每处停车场应至少配建4个直流快充桩。未来结合电动汽车发展需求逐步增加配建数量。

(6) 充换电站。

按照每2000辆电动汽车配套建设一座公共充电站。公共充电站应包括3台及以上电动汽车直流快充设备,以及相关供电、监控等配套设备。

中心城区(外环以内)公用充电设施建设以与停车场合建为主,浦东、嘉定、闵行、松江、奉贤、金山、青浦、崇明8个区宜根据已有用地规划,适当建设大、中型充换电站。

鼓励利用已有用地条件较为宽裕的加油加气站,配建直流充电桩(群)。

2) 财政补贴

对于专用和公用充换电设备,上海市统一按照设备投资额给予30%的财政补贴,同时按照充电量给予运营补贴。对充换电企业在沪建设的企业平台,按设备投资的30%给予财政资金补贴。对市级平台及App应用平台设备给予50%财政补贴,以及运营补贴。

2016年12月,在《上海市鼓励电动汽车充换电设施发展扶持办法》中提出:对专用、公用充换电设备,给予30%的财政资金补贴,补贴上限为直流充换电设施600元/kW,交流充换电设施300元/kW。同时,给予运营补贴,对公交、环卫等特定行业专用充换电设施,补贴标准为0.1元/(kW·h),其他为社会车辆服务的公用充换电设施,补贴标准为0.2元/(kW·h)。两者的补贴标准电量上限分别为2000kW·h/(kW·年)和1000kW·h/(kW·年)。

同时提出,对光伏一体化储能充电、无线充电等新技术,对设备投资(不含光伏发电)给予30%的财政资金补贴,暂不设补贴上限。对充换电企业在沪建设的企业平台,按设备投资的30%给予财政资金补贴,单个企业平台补贴上限不超过500万元。

支持市级平台加快建设,对2016—2020年间,市级平台设备投资及APP应用平台等相关研发费用,给予50%财政资金补贴,补贴上限不超过2000万元。运营补贴比例2016年为50%,2017—2018年比例为30%。

2020年及以后补贴政策:不再给予设备补贴,而是根据站点的整体运营效率等因素确定站点星级,根据星级给予不同额度的补贴。

2020年4月,上海市发展改革委发布《上海市促进电动汽车充(换)电设施互联互通有序发展暂行办法》(简称《暂行办法》),提出《上海市鼓励电动汽车充换电设施发展扶持办法》中充电设备财政补贴政策不再执行,而是根据站点的星级给予补贴。对于经考核评定为A级及B级企业的下属星级站点,给予连续6年申报度电补贴的资格,起始日自基本数据接入日的下一个季度开始计算。"一星"及以上的充电站点可享受度电基本补贴,"二星"及以上的充电站点可享受度电星级补贴。补贴电量不超过补贴电量上限标准。2020年补贴标准见表5-2。2021年及以后补贴标准,根据充电设施整体运营效率等因素2年一定。

2020年上海市充换电设施补贴标准　　　　　　　　　　　　表5-2

类别	2020年星级补贴标准		补贴上限电量
公用充电桩	"一星"度电基本补贴	0.2元/(kW·h)	1000kW·h/(kW·年)
	"二星"度电补贴	0.5元/(kW·h)	
	"三星"度电补贴	0.8元/(kW·h)	
专用充电桩和换电设施	"一星"度电基本补贴	0.1元/(kW·h)	2000kW·h/(kW·年)
	"二星"度电补贴	0.2元/(kW·h)	
	"三星"度电补贴	0.3元/(kW·h)	

支持自(专)用充电桩共享运营。纳入目录管理的平台企业(以下简称"目录平台企业")运营管理的自(专)用充电桩,其对外提供公共服务的共享电量可享受运营补贴,补贴电量以市级平台订单数据为准,补贴标准按专用充电设施执行。

《暂行办法》还提出了对智能有序充电提供补贴:鼓励居民区已有充电桩通过加装能源路由器等方式进行智能化改造,并按每桩200元标准给予财政补贴。《暂行办法》实施后,新增自用充电设施的,车企提供的充电桩应具备智能充电功能。

总体上看，2016年出台的补贴力度比上一轮政策增加1倍，充电设施补贴方式从建设环节扩展到建设、运营两个环节。建设环节仍维持原补贴政策，对充换电设备给予30%补贴。运营环节上，增加了对专用、公用充电设施给予运营度电补贴等。2020年的补贴政策取消了对普通充电站建设环节的补贴，增加了对专用充换电设施和公用设施的补贴力度。对示范小区和示范出租汽车仍然保留设备补贴。

2020年政策对市级平台补贴的支持政策为：一是对市级平台设备升级建设投资及App应用平台升级等相关研发费用，给予50%财政资金支持，补贴上限不超过1000万元。二是给予市级平台初期运营补贴，对2019—2020年市级平台运营涉及的公共网络租赁等公共服务费用，给予30%财政资金支持，每年补贴上限不超过200万元。补贴比例基本维持不变，补贴上限有所降低。

3）用电政策

（1）电费。

向电网企业直接报装的经营性集中式充电设施用电，2020年前，暂免收基本电费。其中，为新能源公交车提供服务的，执行本市电价目录中两部制分时"工商业及其他用电"价格；其他经营性集中式充电设施，执行本市电价目录中"铁合金、烧碱（含离子膜）用电"价格。

向电网企业报装的居民家庭住宅、居民住宅小区、执行居民电价的非居民用户中设置的充电设施用电，执行居民用电平均电价水平。

其他充电设施用电，按其所在场所执行分类目录电价。

（2）充电服务费。

充电设施经营企业收取的充电服务费执行政府指导价，2016年7月1日前，充电服务费上限为1.6元/(kW·h)；2016年7月1日后，充电服务费上限为1.3元/(kW·h)。以后将结合市场发展情况，逐步放开充电服务费，通过市场竞争形成。

（3）电网配套服务。

电网企业为电动汽车提供优质、便捷的配套服务。包括：

①对充换电设施给予电网接入支持，开辟绿色服务窗口，简化办事程序，利用公司营业窗口和"95598"供电服务热线等，做好宣传、服务工作，提高服务质量和效率。

②负责充电设施从产权分界点至公共电网的配套接网工程。充电设施不占用住宅小区自用的公共电力容量（包括用于向住宅小区路灯、电梯、水泵等公用设施以及物业服务企业供电的电力容量）。

③对单独报装、独立挂表的经营性集中式充电设施，免收业扩费。

4）布局规划方面

2016年，上海市政府发布《上海市电动汽车充电基础设施专项规划（2016—2020）》，主要按照加油站布局覆盖情况来建设充电设施，服务半径按照电池亮红灯时可行驶距离计算。目的是建立像加油站一样便捷的能源补给网络。对于城市内的不同地区，主要是根据城市的车辆保有量情况、区域内外交通联系情况进行区域的划分，分为一类地区、二类地区和三类地区，不同地区设置不同的充电设施设置策略。例如，对车辆保有量大，区域内外交通联系频繁的一类地区，采取全面覆盖的发展策略；对于车辆保有量较大，有一定的区域外部交通联系,新能源发展基础较好的二类地区,采取加密加强的发展策略;对于车辆保有量低,交通联系主要发生在区域内部的三类地区,采取鼓励支持的发展策略。不同的发展策略对应不同的充电设施服务半径。上海市充电设施布局规划原则和数量见表5-3。

上海市充电设施布局规划原则和数量 表5-3

服务半径	设施规模
城区0.9km,郊区1.2km	城区约200处,郊区1200处,共1400处
城区1.5km,郊区2.0km	城区约130处,郊区约570处,共700处

5)物业方面

在《暂行办法》中指出:支持自(专)用充电桩共享改造。对支持自(专)桩共享改造的物业给予补贴,补贴标准为500元/桩,由充电企业代为申请。

6)用户方面

支持出租汽车利用社会充电网络充电,对出租汽车用户充电提供补贴。对出租汽车利用市级平台支付充电费用的可享受额外度电补贴,在充电时按扣除补贴后的单价结算。2020年补贴标准暂定为0.4元/(kW·h)等。2021年及以后补贴标准综合考虑运营时间损失、充电电价以及停车费用等因素2年一定,由市级平台、市出租汽车行业协会共同提出测算方案报市发展改革委按程序核定后执行。

三、杭州充电基础设施政策研究

1. 战略规划

2008年,杭州率先在全国提出建设"低碳城市"的战略,初步建立了温室气体排放统计核算体系,提出2020年碳排放达峰目标;2010年,杭州被国家发展改革委确定为全国首批低碳试点城市,提出打造低碳经济、低碳交通、低碳建筑、低碳生活、低碳环境、低碳社会"六位一体"的低碳示范城市;2014年,出台《杭州市应对气候变化规划(2013—2020)》,计划在七个领域开展低碳和节能工作,一共235个项目,总投资达4422亿元,规划提出建立市场化减碳机制,把节能环保和新能源产业作为下一步发展的重点方向。

2. 电动汽车政策

1)购置补贴

2017年7月,杭州市人民政府发布《2017—2018年杭州市电动汽车推广应用财政支持政策》,提出在2017年1月1日—2018年12月31日期间,消费者在本市购买电动汽车,微型纯电动汽车按照中央财政补贴标准的25%给予地方配套补贴,每辆车补贴最高不超过1万元;其余车型按照中央财政补贴标准的50%给予地方配套补贴,其中新能源货车和专用车每辆车补贴最高不超过3万元。

在2019年12月杭州市财政局发布的《杭州市2019年—2020年电动汽车推广应用财政支持政策》提出,在2019年6月26日—2020年12月31日期间,在本市完成购买、上牌且在本市运行的,且已纳入工业和信息化部《电动汽车推广应用推荐车型目录》的国产纯电动、插电式混合动力电动公交车和燃料电池电动汽车给予补贴。其中,纯电动、插电式混合动力电动公交车按已取得中央财政补贴标准的50%给予地方配套补贴。燃料电池电动汽车按中央财政补贴标准的1:1给予地方配套补贴。

购置补贴从开始的对电动汽车全面补贴到只给予公交车辆和燃料电池电动汽车补贴。补贴额度公交车是按照中央财政补贴50%的标准,燃料电池电动汽车是按照中央财政补贴资金的1∶1进行补贴。

2)电动汽车免费牌照

2017年1月6日,杭州市人民政府办公厅发布《杭州市小客车总量管理规定》,提出杭州市实施机动车总量调控和指标管理的规定,全年小客车指标数量为8万个,其中80%通过摇号取得,20%通过竞价取得。个人指标占比88%,单位指标占比12%。

单位和个人需要办理新能源车登记的,可以直接申领其他指标。新能源车,是指符合工业和信息化部《电动汽车推广应用推荐车型目录》所列的小客车及进口纯电动汽车。

3)限行

2014年5月,杭州市针对机动车施行限行措施。2016年3月,杭州市公安局发布《关于新能源客车不受机动车尾号限行等事项的通告》,浙A号牌新能源客车在申领新能源客车专用标识后,不受杭州市区"错峰限行"和西湖景区"单双号"限行措施的限制。

3. 充电设施政策

1)财政补贴

在2017年发布的《2017—2018年杭州市电动汽车推广应用财政支持政策》中,提出鼓励和支持各类资本参与建设充换电设施,在2017年1月1日—2018年12月31日期间,对投资建设本市公用和共用充换电设备(含充换电站、桩及装置)的,由地方财政按实际投资额的25%给予补贴。

在2019年电动汽车财政支持政策文件中,提出2019年6月26日—2020年12月31日期间,在本市建设的公用和共用充换电设施(含充换电站、桩及装置),以及安装的个人充电桩给予补贴,在本市登记注册的公用和共用充换电设施投资主体,以及在本市购买电动汽车并上牌的个人消费者,在自有(或有1年及以上使用权)固定车位上通过电力部门报装的自用充电桩给予补贴。

补贴标准:公用和共用充换电设备(含充换电站、桩及装置),按实际投资额的30%给予补贴;个人消费者自用充电桩给予一次性600元/桩的充电费补贴,由电力部门以充值方式划入个人消费者自用充电桩电表账户。

可见,对公用和共用充换电设施的补贴额比例由25%提高到了30%,增加了对个人充电桩的充电费补贴。

2)配建比例要求

2016年5月,杭州市人民政府办公厅印发《杭州市推进新能源电动汽车充电基础设施建设实施办法》(简称《实施办法》),提出对于新建项目预留充电基础设施。

对新建住宅停车库,新能源电动汽车充电桩布线条件(电源线的沟槽、套管或桥架等)按照停车位100%预留,充电桩电表箱、用电容量按10%的比例预留。对其他建筑工程,均按配建停车位10%的比例预留充电桩布线条件、电表箱位置和用电容量。

3)建设审批

在《实施办法》中,提出了简化审批的相关规定。

(1)在既有建筑物、场地内加建新能源电动汽车充电桩的,视为设备安装,不另行办理规划和土地审批手续。

(2)在新建建筑物内同步建设新能源电动汽车充电桩的,纳入新建建筑项目,按照基本建设流程进行审批。

(3)公用充电桩建设方案应当报市及区、县(市)两级电动汽车基础设施建设推进小组办公室确认。公用充电桩建设占用公共绿地的,应当本着"简化流程、加快审批"的原则,并执行《杭州市城市绿化管理条例实施细则》(杭州市人民政府令第272号)中明确的城市市政设施建设减免永久占绿和临时占绿费用有关政策。

4)用电政策

公用充电桩经营企业可向新能源电动汽车用户收取电费和充电服务费两项费用。

(1)电费收取标准。按照《浙江省物价局转发国家发展改革委关于电动汽车用电价格政策有关问题的通知》(浙价资〔2014〕205号)规定执行。为优惠用户并方便结算,国家电网杭州供电公司可研究制定公用充电桩综合电价政策。

(2)充电服务费收取标准。按照"谁投资、谁受益"的原则收取充电服务费,具体收费标准由市价格主管部门根据国家和省政府有关规定,结合杭州市实际制定发布。

(3)费用结算方式。为方便用户,鼓励采用市民卡、充电卡等非现金方式缴付充电服务费。

5)安装流程

2016年7月,杭州市城乡建设委员会等发布《杭州市新能源电动汽车自用和共用充电桩建设安装暂行规定》,对杭州市自用和公用充电桩的报装、施工和设备启用规程,建设和运营责任进行了明确。

6)布局规划方面

2015年5月,杭州市批复《杭州市电动汽车充电设施近期布点规划》,规划布点主要选取杭州东西南北中的各个重要位置布置。

乘用车充电站布点结合出租汽车的运行轨迹来布设,主要布置在出租汽车服务区、大型交通枢纽和社会停车场。如城东的火车东站;东南面的钱江新城,过钱塘江的奥体中心;市中心范围,分布在人民大会堂;城北的三墩北地区;城西近期是未来科技城、未来海创园、蒋村都是规划的点。目前的设点,还是大多结合公共停车场布设。

而商用车充电站布点主要是结合公交场站、快递物流中心、环卫用地来布置,用地相对固定,近期要布点的不少就选用在公交场站等。

在2016年7月发布的《浙江省电动汽车充电基础设施"十三五"发展规划》中,提出作为浙江省率先发展地区,规划到2020年,杭州市新建专用充换电站不少于110座、公用充换电站不少于50座、自用充电桩不少于6万个、公用充电桩不少于3000个,共计新建集中充换电站不少于160座、分散充电桩不少于63000个。

7)物业激励

《浙江省电动汽车充电基础设施"十三五"发展规划》中规定,对拒不配合和阻挠充电设施建设的物业管理公司,相应扣减相关企业和负责人的信用信息评分。

8)用户补贴

对于个人消费者自用充电桩给予一次性600元/桩的充电费补贴,由电力部门以充值方式划入个人消费者自用充电桩电表账户。

电动汽车充电基础设施优化研究

第三节 德国典型城市充电基础设施建设规划及政策研究

一、德国充电基础设施建设现状

截至 2018 年 6 月,德国共有充电设施 25241 个,占欧盟总充电桩的比例为 21.60%。根据德国联邦能源与水业协会(BDEW)的评估,德国充电桩数量较 2017 年增加 50%。根据 BDEW 充电桩的注册数据显示,快速充电站在其中的占比约为 15%。与此同时,德国大约注册有 22 万辆纯电动汽车和插电式混合动力电动汽车,这相当于平均每 9 辆纯电动汽车或插电式混合动力电动汽车共用一个充电桩。在接下来的两年中,德国新建 50000 个公共充电桩,其中 15000 个由汽车制造商承担,例如宝马公司计划至少建造 4100 个充电桩,其他车企也打算同样跟进。为了使电动汽车真正与日常使用兼容,并且可以便捷地在停车场、地下车库和工作场所中充电,德国政府还计划对建筑物和租赁法进行许多更改。虽然许多充电站正在规划中或在建设中,但还需要提高速度。尽管德国的大城市及其周边的卫星城已经修建了众多充电站,但在德国大面积的农村地带,充电桩的铺设数量仍然较少。

目前,德国电动汽车公共充电站主要有五种运营模式。一是整车厂建设运营,整车厂为自己的顾客建立专属充电站,其中也包含合作商的充电站,但充电站仅为自己的品牌服务。二是独立供电商建设运营,采用订购模式,通常通过短信或预充值的充点卡付款。三是供电商平台建设运营,由当地不同供电商合作,制定统一标准的平台,允许顾客使用彼此的充电站。四是公共供应商提供运营,包括便利店、超市在内的公共供应商提供配备充电箱的停车点,由于供应商众多,因此网点较丰富。五是私人提供者出租自己的家用充电器。

二、汉堡市充电基础设施政策研究

近年来,汉堡市的电动汽车保有量占比,尤其私人电动汽车保有量占比呈不断增加的趋势。截至 2019 年底,在德国的 16 个州中,汉堡市的电动汽车保有量占比最高,私人新能源乘用车的占比达到 0.28%。

1. 汉堡的充电设施发展主要计划

在电动汽车和充电基础设施发展方面,汉堡市具有较强的计划性,2012 年以来颁布的主要计划如图 5-3 所示。

2014 年,汉堡制订了充电基础设施总体规划,并投入大约 479 万欧元,以适应电动汽车的进一步发展。2017 年初,又批准了 279 万欧元。计划在市区建设 542 个交流充电点,59 个直流充电点以及一个大功率充电器。其中大多数,即 381(交流 371 和直流 10)个,由汉堡市自己的电网 Hamburg GmbH(Schwierz 2017a)运营。总体规划规定,建设目标的 50% 将通过电网公司实现,剩余的 50% 或最多 50% 可以由第三方公司承建。汉堡公共充电设施建设点评估矩阵见表 5-4。

第五章 充电基础设施政策研究

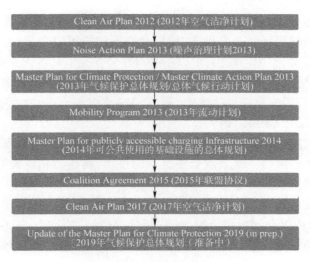

图 5-3　汉堡市颁布的主要计划

汉堡公共充电设施建设点评估矩阵　　　　　　　　　　　　　　表 5-4

基本地点适宜性（排除标准）			
A1. 该地区的可利用性			
A2. 该区域的结构和技术适宜性（大小、接入、所需电缆长度等）			
A3. 城市规划			
法律障碍			
A4. 该地区的现状（在建筑规划中）			
A5. 符合特别保护标准（如绿地保护，自然保护等）			
相对标准			
从供应商的角度看	50%评分	评分（1~5）	结果
B1. 低建造成本	10%		
B2. 低电耗	10%		
B3. 低成本的行政程序	5%		
B4. 地点的吸引力/代表性、公众的可见度	20%		
B5. 可扩展性	5%		
从用户的角度	50%评分	评分（1~5）	结果
C1. 可达性、可见性、无障碍性	10%		
C2. 作为充电位置/中心的吸引力	25%		
C3. 与公共交通和其他交通方式的联系	10%		
C4. 由于其他车辆而导致的低停车压力	5%		
总评分数			

除了特斯拉和运营商 RWE 的原有充电设施外,总体规划中也包括了所有新的 RFID 可用充电设施。也包括居民区的充电设施,前提是充电设施可以全天候使用。总体规划的一个重要工具是汉堡模型,利用该模型,可以不必与在公共充电站运营充电设施的公司签订电力供应合同。相反,可以直接向为电动汽车提供再生电力产品的电力公司收费,也可以使用 RFID 卡或通过基于合同的直接付款系统(通过 SMS 或应用程序)在所有 595 个充电点开始充电(Stromnetz Hamburg GmbH 2017)。

即使充电基础设施总体规划被认为是促进公共场所电动化的里程碑,在半公共和私人场所充电仍存在较大的障碍。随着欧盟委员会的推动,新建的和现有的地区在建筑和规划上的法律限制正在被克服。

2. 汉堡空气质量计划

2017 年,汉堡自由汉萨同盟城市根据《联邦排放控制法》(BImSchG)第 47 条第(1)款,制订了一项空气污染控制计划。空气污染控制计划是一项正式文书,该更新计划于 2017 年 6 月 30 日实施。

电动汽车被认为是减少城市交通中污染物排放的关键。结合汉堡的气候保护和气候适应目标,汉萨同盟城市制定了到 2020 年在电动汽车的帮助下将 CO_2 排放量减少 40% 的目标。可以通过增加电动汽车的比例来减少空气污染物值和 CO_2 排放量。并在汉堡居民区整合电动汽车,还为附近居民建立电动汽车共享站,以鼓励人们摆脱自己的汽车,实现可持续交通发展。

3. 相关法律法规

汉堡装载区停车位规定和免收电子车牌停车费

《联邦电动汽车法》(EMoG)的第 3 节为停车位法规创造了前提条件,该法规有利于电动汽车用户停车和充电。该法规要求整个城市地区的特殊停车区和带有 StVO 标志的充电基础设施标志,以及在公共道路和小路上的附加标志(BWVI 2016:6)。将停车区的地板标记为蓝色或绿色被认为是一种有效的手段,因此其他道路使用者也可以识别电动车的停车位,而不会被常规车辆占用。上午 8 时至晚上 8 时之间的最大停车时间在交流充电站为 2h,在直流充电站为 1h。

电子牌照可以使电动汽车在技术上实现免于在规定的最长停车时间内支付停车费。随着带有电子车牌的停车位条例出台,《联邦电动汽车法》以及随后于 2015 年 4 月对《车辆登记条例》(FZV)进行修订:"决定更改停车费条例。自 2015 年 11 月 1 日起,允许电动汽车在汉堡的所有售票机上免费停车,直至最长停车时间。"该法规在 2020 年之前一直适用。汉堡的室内和体育主管部门负责遵守停车位条例。电子标记由许可机构 LBV 颁发,任何电动汽车所有者均可申请。

4. 电动汽车公共采购

自 2014 年以来,汉堡市在公共领域开展了电动汽车公共采购示范。公共采购的主要范围包括城市清洁车、警察用车或消防车领域。政府公务车也使用电动汽车。其核心是通过增加在汉堡市政府和国有企业电动汽车的使用,以减少温室气体和其他污染物排放。

2016 年,政府和国有企业拥有的电动汽车达到 540 辆。包括城市地区 380 辆,大城市地区 160 辆。随着汉堡采购准则的出台,插电式混合动力电动汽车(PHEV)和纯电动汽车在汉堡核心政府当局和国有企业中所占的份额约为车辆总数的18%,并且增长迅速。将来,该法规将用电动汽车替代当局和国有企业中多达32%的车辆。作为最著名的电动汽车赞助商,汉堡市第一市长于2014年获得了宝马i3的使用权,供参议院总理使用。

5. 公共交通要求

1) 汉堡公共汽车的约束要求

公共交通是城市交通的骨干,尤其是在汉堡,公交车在汉堡城市交通中行驶里程最高。因此,公交车是造成最高的CO_2和污染物排放的原因。汉堡火车总站拥有900辆公交车,是汉堡拥有公交车最多的地方。VHH等其他运输公司也提供了大约400辆公交车。

从2020年开始,根据政治目标,汉堡只能购买零排放公交车。汉堡市预计到2030年全面交换适用于无排放车辆的市政和区域公交车队。自2017年以来,VHH一直在测试比利时的电动铰接公共汽车"ExquiCity 18"。朗佩森区已经使用了Rampini电动客车。选择合适的线路取决于线路的长度、装载过程中存储空间的可用性以及公众的看法。

电动公交车的充电基础设施主要通过使用西门子受电弓对公交车进行充电来分散设置。自2014年12月以来,汉堡火车总站一直在测试插电式混合动力和纯电动公交车。汉堡ZOB和阿尔斯特多夫站的创新线109的两个终端站有两个充电站。

为了提供必要的装卸和停车位基础设施,Hochbahn与汉堡市一起计划在Alsterdorf和Winterhude之间的三角地带建立一个用于当地公共交通的场站。该系统于2018年底开始运行,可容纳240辆电动公交车充电,该场站上面建设有一个大的绿色屋顶和许多补偿措施。

2) 汉堡环保出租汽车

汉堡总共有大约3000辆出租汽车。其中,自2010年以来有数百辆环保出租汽车,包括经济型内燃机汽车、燃料电池汽车、插电式混合动力电动汽车或纯电动汽车。环保出租汽车被用作"2011汉堡绿色之都"倡议的一部分。自2016年以来,对环保出租汽车的技术标准提出了更高的要求。而且还有可组合的汽油/汽油驱动器和混合动力驱动器的车辆,每辆车CO_2排放量可达125g/km或更少。

在与德国交通部的对话中,用户对环保出租汽车的需求也没有增加。由于缺乏德国出租汽车品牌戴姆勒和大众提供的服务,出租汽车车队向电动汽车的转变也进展缓慢。同时,汽油价格低廉意味着迄今为止购买相对较昂贵的电动汽车并不经济。在扩大出租汽车驾驶员的充电基础设施领域以及迄今为止的可用车型型号的范围内,还会遇到更多的障碍。

三、汉堡的充电设施规划经验

汉堡市电动出行的快速发展,尤其是私人电动出行的快速发展,带动了电动汽车市场份额的快速提升。汉堡市的电动汽车比例在2019年底是德国16个州中最高的,在所有乘用车中电动车辆占比达到0.28%。

汉堡市的研究项目和应用项目也支持了汉堡市电动汽车的发展。在汉堡市,一个比较特殊的行业角色是hySolutions GmbH公司,是当地公共交通服务商HOCHBAHN AG公司拥有的私有化公司,hySolutions的核心作用是推动低排放技术的进步,以及获得相应项目在国内外的授权,特别是在汉堡市内和市外。汉堡城市研究项目和应用案例见表5-5。

汉堡城市研究项目和应用案例(部分)　　　　表5-5

项　目	时　间	主　题
hySolutions https://hysolutions-hamburg.de/category/0_projekte/		
NaBuZ	2011—2016	在公共交通中开展4辆燃料电池公交车和2辆电动公交车的试验性运行
加氢站	2012—	汉堡市5个加氢站
eQuartier Hamburg	2012—2017	新型住宅发展电动出行方案
Hamburg-Wirtschaft am Strom	2012—2017	汉堡市800辆电动汽车车队项目
HELD-Hamburger Elektrobus Demonstration	2014—2017	公共交通3辆插电式混合动力和3辆纯电动公交车
ePowered Fleets Hamburg	2014—2017	汉堡市500辆纯电动车辆车队集成项目
Masterplan Ladeinfrastruktur	2014—2019	公共充电基础设施项目,共建设1000个充电桩
HansE	2015—2018	在汉堡市的中心去建设50个公共充电站
H2ME2	2016—2022	加氢站支持项目
ZeroE	2017—2019	氢燃料电池轿车共享项目
E-Drive	目前	允许通勤车辆在价格上与燃油车有40%的价格差异
研究		
E-Mobility NSR (HAW)	2011—2014	北海地区电动出行网络:经验交流,智能电网概念发展和城市货运物流的融合
SINGER (HCU, HAW, UHH)	2014—2017	汉堡和深圳的电动化经验交流
Baltic Sea Region Roadmap for Urban E-Mobility	2017—2020	除私人乘用车(电动自行车,电动轮船)外的电动化车辆推广

　　汉堡从2014年开始在公共区域广泛建设充电设施。设施的选址是基于一个考虑了用户需求,以及交通规划和经济发展目标的选址工具。根据Virges等在2013年的研究,充电设施中公共充电设施的利用率较低,用户充电大多集中在私人居住场所,因此在充电设施数量和利用率之间需要达到平衡。基于建设成本考虑,不同充电设施保持经济性的利用率在5%~40%之间。基于现有的框架条件,建立一个全市范围的基于汉堡市充电设施的充电网络是不可预见的,潜在位置的确定和选择是选址工具的主要功能。

　　Buckstegen发现在居住地的1~3km范围内建设充电设施会使2/3的调查者增加购买电动汽车的意愿。主要来讲,充电设施主要布设在私人居住区域,但是在相同的研究中,70%的被调查者表示他们每月至少需要在公共充电设施充电一次。一些研究发现在停车的地方至少停留15min以上对促使用户去充电是有吸引力的,因此基于15min以上时间的停留特别适合以用户为中心的评估。

　　公共充电设施的一个优势是帮助转移需求高峰,不仅仅是在空间上分散需求,在时间上也会分散需求。相反,在居民区的充电,会使傍晚用电需求超过峰值,需要核实电负荷管理解决方案。

第五章 充电基础设施政策研究

为了在汉堡市选择建设充电设施的地址,评估了基于居民区、商业和休闲活动区密集度的潜在充电需求和基于电动汽车用户出行行为对商业场所、其他目的地的距离等。此外,选址工具考虑了公共交通的质量,鼓励汽车共享等联运模式。选址模型中应用的结构变量最终会转化成一个评估和结合了不同充电需求潜力的单个参数。共计算评估了50000个单元的分数,每个单元的直径约为150m。

为了保证公共区域充电设施的正确使用,一个特别醒目的彩色的充电停车位地面标识是极为有用的。除此之外,汉堡也开始对停在非充电车位上的车辆采取拖走措施(图5-4)。

图5-4 汉堡市的拖车拖走停在电动汽车停车位上的燃油车辆

第六章　充电基础设施优化布设

第一节　中德典型城市政策效果及差异性分析

汉堡依赖激励机制向电动化转型,包括财政支持、税务优惠、专用停车位或者支持汽车共享模式。深圳作为中国城市的典型代表,是第一个将全部公交车和出租汽车电动化的城市,交通运输部门与当地的汽车制造商(比亚迪)达到了一个双赢模式。汉堡计划在2030年将全部的公交车换成电动车辆,并当成新型电动化模式的应用城市。

中德典型城市的研究结果表明,这四个城市都在各自国家的背景下,积极而系统地促进电动交通发展,可以被视为世界范围内的榜样。在德国汉堡和中国深圳、上海、杭州等城市之间进行国际比较时,必须考虑到由于汉堡人口、面积和经济实力以及政治和社会取向与中国城市完全不同而无法使其直接与中国城市进行比较。

不同的管理结构和流程、政治手段和措施的有效性获得了不同的成功。

这些城市都出台了有效的激励措施促进电动汽车的发展,例如财政支持、税收减免、停车位特权或新形式的出行方式,如汽车共享,以强制向电动汽车转型。主要政策效果和差异性体现在如下几个方面。

一、减少二氧化碳排放

汉堡和深圳正在逐步减少当地的二氧化碳排放,并被视为促进和应用电动汽车的全球先驱。深圳希望到2020年将其二氧化碳排放量(以2005年为基准年)减少40%~45%,并且由于应用成功(包括在公共交通中),已经非常接近这一目标。

低碳计划是采取行动的基础。根据汉堡气候计划,汉堡计划到2020年减少40%,到2050年减少80%(1990年的参考值)的二氧化碳排放。汉堡北部统计局的数据显示,汉堡交通中的二氧化碳排放量基本保持不变,甚至在2010年再次增加至423万t。因此,在汉堡采取行动的压力越来越大,发展电动汽车被认为是减少二氧化碳排放的有效手段。

二、电动交通领域的不同发展动机

深圳正在主要基于经济动机来推动电动汽车的发展,因为这座城市是世界最大的电动汽车制造商——比亚迪的总部和生产基地,促进电动汽车发展的同时能够促进经济的发展。上海是上汽集团总部所在地,杭州是吉利、众泰等汽车企业所在地。除了气候变化的因素,促进当地经济的发展也是当地政府发展电动汽车的重要目的。

汉堡主要追求环境政策目标,以在引入电动汽车时提高居民生活质量,并将自己描述为用户所在地。核心涉及减少二氧化碳、控制空气污染、减少噪声以及以公共交通为重点的更高效的交通系统。

第六章 充电基础设施优化布设

三、数量差异

在电动汽车的注册数量和充电点数量方面,中德几个城市之间存在差异。如深圳共有电动汽车 78200 辆、19232 个正常充电点和 4197 个快速充电点(截至 2017 年)。

另一方面,汉堡仅注册了约 2500 辆电动汽车(占注册总数的 0.29%),并建立了 774 个公共标准充电站和 33 个快速充电站的网络。到 2019 年的目标是为 1100 个充电点充电。与深圳相比,汉堡有很多公共场所充电站,但半公共和私人充电站却很少。

四、市政资金

作为经济特区,深圳具有很高的市政收入,并且具有促进电动汽车发展的强烈政治意愿,这是电动汽车在深圳等中国城市快速推广的一个重要因素。

相比之下,汉堡的资金不足,政府有一定金额的债务,运输部门的资源受到严重限制。因此,汉萨同盟城市通过联邦基金的赠款或城市公司投资于市政车队又或扩大充电基础设施来为其提供大部分资金,偶尔也有市政资金倡议,例如,通过汉堡投资银行(IFB)或参与联邦资助项目。

五、受资助的技术

电动汽车的发展是政治上的优先事项,并且中德城市都在短期内奉行一种开放技术方法,其中要考虑电池(完全是纯电动和插电式混合动力电动汽车)以及氢能和燃料电池电动汽车。从中期来看,深圳将完全转向电动汽车,并计划在长远的未来完全禁止在市区内使用内燃机汽车。上海市纯电动汽车与插电式混合动力电动汽车并行发展,深圳市以纯电动汽车为主。

汉堡在技术目标方面仍然是开放的。在 2017 年更新的清洁空气计划中,创建了第一个常规车辆禁止驶入区域。但是,从长远来看,汉堡并不应完全禁止常规车辆(例如在市区内)。

六、关注公共交通中的车队

由于公共交通工具实际行驶的里程数最高,因此几个城市都将重点放在公共交通工具的车队电动化上,尤其是公交汽车。深圳还成为出租汽车行业的重点,成为该城市的一大特色。

汉堡计划到 2030 年将市政公交车队全部转换为电动汽车。2017 年,在创新线路 109 路公交车领域使用了 5 辆电动公交车,其他线路上使用了一定数量的氢燃料电池公交车。汉堡 Hochbahn AG 于 2017 年底招标了 60 多辆电动公交车。另一方面,深圳自 2017 年底以来已经完成了市政公交车队向 16359 辆电动公交车的转换。

这几个城市都建设了大型公交充电站或换电站,旨在解决公交运营中的充电瓶颈。汉堡的起点是在 Alsterdorf / Ohlsdorf 三角洲的可停放 240 辆公交车的车站。该站建在地面上,屋顶为绿色。深圳于 2016 年开始建设 26 个公交充电站中的第一个,可容纳多达 700 辆公交车,每个充电站多达 6 层。到 2020 年,平均每 1.1 辆公交车应该有一个充电站。杭州市是率先尝试换电站建设的城市之一,尤其在网约车换电方面具有丰富的经验。

七、出租汽车

在深圳,出租汽车公司被要求在2018年前更新为电动汽车。深圳15000辆出租汽车已全部更换为电动汽车。比亚迪的e6出租汽车模型在深圳特别成功。

到2017年为止,汉堡有一项政治计划,涉及50辆所谓的混合动力电动汽车作为汉堡环保出租汽车。汉堡总共有约3000辆出租汽车。但是,一些出租汽车公司已改回传统车辆,因为核心供应商梅赛德斯和大众迄今未提供电动出租车辆。

公交车的情况非常相似。汉堡计划在21世纪20年代初进行汉堡出租汽车车队的转换,但目前是否有联邦资助计划还存在怀疑。2017年,深圳首辆比亚迪e6在德国巴伐利亚州城市德根多夫的德国出租汽车交通中注册。

八、商业交通领域(物流领域)的转变

除公共交通外,将车辆进行商业交通转换,特别是在物流领域,对这几个城市也都非常重要。深圳市政府认为,在机场、建筑和港口物流领域的主要国有公司中,有多达30万辆商用车转换为电动汽车的潜力。但是,诸如SF-Express、DST或德国邮政DHL集团等私人物流公司也已成为中国市场的重要参与者。汉堡的物流行业,电动汽车物流每年也以超过10%的速度增长。由于在线邮件订购业务的稳定增长,诸如德国邮政DHL集团、爱马仕或UPS之类的CEP服务正在迅速扩展。

九、私人用户

在两个城市中,促进私人用户改变出行行为是最困难的挑战之一,创新的出行概念,例如分时租赁提供商或电动汽车共享以及公共交通的扩展,都鼓励两座城市的公民采用其他形式的出行方式。尽管深圳将经济利益放在首位,而汉堡更关注环境问题,这些问题都促使私人用户购买电动汽车。

十、分时租赁

得益于DriveNow提供的70辆电动汽车的自由浮动,汉堡的电动汽车共享现已广泛普及,并在商业领域广受好评。将来,戴姆勒还计划使提供商Car2Go的车队电气化。在汉堡e-Quartier项目中,汉堡市区的14个地点使用了电动汽车共享车辆。在深圳,有基于车站的服务提供商——联合之旅,该公司目前运营500辆电动汽车,并在前海城市开发区提供电动班车服务。自2017年以来,已有其他提供商与2000多种其他电子共享汽车一起开始运营。上海有EVCARD共享汽车,目前是中国最大的分时租赁提供商。杭州的微公交共享出行模式是国内首创的纯电动汽车分时租赁服务。

十一、网约车

滴滴出行占据中国95%的拼车服务,另外还有UBER。在汉堡,由于出租汽车业务的激烈竞争和安全问题,法律禁止了商业乘车共享提供商,例如US UBER。因此,电子汽车共享和出租汽车提供商没有可比的竞争,并且发展相当稳定。不依赖于任何特定站点的汽车共

享提供商 Car2Go 和 DriveNow 将从该法规中受益。汉堡较低的停车压力和特殊规定使这些商业模式比其他商业模式更具吸引力。

十二、限制性牌照分配

在深圳，限制车牌分配的限制性工具（仅通过摇号或拍卖机制将其分配给传统车主）是非常成功的。燃油车辆每年限额为 80000 个车牌。其中 60000 个用于摇号系统，20000 个用于拍卖。上海的牌照拍卖制度、杭州的限购政策都较大程度上促进了电动汽车的发展和充电设施的建设。

另一方面，电动汽车的车主没有任何限制，也没有额外的车辆注册费用，与传统的车主相比，收益显著。

十三、充电基础设施的建筑物强制性法规

深圳制定了一项针对房地产行业和建筑商的具有约束力的规范，在现有区域中，至少有 5% 的住宅建筑物停车位和至少 10% 的商业建筑物停车位必须配备充电基础设施。新建筑至少要有 30% 的配备要求。实地研究表明，深圳现已有 40 多家充电基础设施提供商，这些充电基础设施提供商建立了广泛的充电点。

欧盟委员会正在计划制定一项法规，强制要求新建筑物和现有建筑物必须安装电缆来连接充电基础设施。汉堡尚未在其投资组合中引入任何具有约束力的监管机制，但是正在选定城市发展区（例如，港口城市）进行测试。对于 Baakenhafen 和 Elbbrücken 地区，建筑商被 HafenCity GmbH 与智能出行概念联系在一起，为此，其必须为 40% 的办公用新建筑和 30% 的住宅用停车位配备充电基础设施。

十四、购买补贴

在汉堡，没有针对私人用户的直接补贴。但是，可以申请购买电动汽车的州最高补贴 4000 欧元。对于企业而言，有一些支持计划，例如"电力经济"或"电动车队"项目，可以资助购买电动汽车。在深圳，由于地方和中央政府的购车补贴可以同时进行，因此每辆电动汽车的补贴占车价比例较高。中央政府补贴最近几年呈逐步减少的趋势。在德国，购车补贴相对较少，因此电动汽车仍然较燃油车昂贵很多。在中国，由于部分电动汽车在价格上开始具有竞争力，需求开始呈稳步上升趋势。

十五、使用可再生能源

在使用可再生能源为电动汽车充电时，汉堡只有使用公共充电基础设施的约束性要求。Stromnetz Hamburg GmbH 的所有充电点都从可再生资源的供应商那里获取能源，即使该部门仅占汉堡一次能源产量的 5%。关于气候保护，仍有很多工作要做。汉堡当地约 93% 的能源生产仍来自化石能源。根据有关预测，到 2022 年，汉堡能源生产中的二氧化碳排放量将从 97 万 t 减少到 37 万 t。为此，将对许多发电厂进行改造或令其退役。在深圳，重点是促进新能源应用，包括核电。另外，深圳产生的能量的很大一部分来自天然气资源，可再生能源约占 5%，在总发电量中所占份额相对较小。在深圳市区已经开始出现试点项目，通过太阳能为电动汽车充电。

电动汽车充电基础设施优化研究

第二节 充电基础设施政策及经验借鉴

一是统一充电基础设施建设和支付标准。德国于2016年通过《充电基础设施条例》,明确规定充电接口标准以及充电设施安装、运行最低要求;2017年对条例进行了修订,明确公共充电桩将建立统一的支付平台,方便用户使用。

二是对公共充电基础设施建设给予补贴。德国联邦交通部启动了3亿欧元的电动汽车充电基础设施建设计划。德国在2017—2020年投资3亿欧元支持充电基础设施建设,其中,2亿欧元用于大都市区及联邦高速公路的5000个快速充电桩建设,1亿欧元用于加油站、购物中心、汽车共享站点及其他公共场所的1万个普通充电桩建设。充电站将向公众开放且使用可再生能源供电。按照充电功率及投资额进行补贴并设置最高补贴金额(0.3万~3万欧元),公司及地方政府均可申请该补贴,接受资金扶持的充电站6年内有义务接受数据监控并每半年提交报告。德国联邦政府网络局公布,截至2019年4月,已投入使用的公共充电桩达1.5万个,车桩比约10∶1。

三是对用户充电给予财税优惠,如工作场所充电免缴电力税。为实现"德国环保计划"中德国提出的700万辆电动汽车目标,德国政府酝酿对建筑物内大型停车场制定新的法律法规,即相关停车场需强制性安装电动汽车充电设施。

目前,德国联邦政府透露的相关草案要点如下:对于新建或大型改建建筑物,且带有10个以上停车位的,需为停车位铺设电缆保护管道,以满足可能的充电桩安装需要。此外,对于非住宅建筑的停车位要求至少安装一个充电桩。2025年1月1日以后,超过20个停车位的非住宅建筑至少配备一个充电桩。

同时,该草案例外条款中的建筑物可不适用相关规定。如中小企业自主产权且主要自用的建筑物,翻修建筑(如铺设充电设备和管线的成本超过了总成本7%)。

此项法规的制定出台将对电动车相关产业和市场起到推动作用,进一步实现其2030年以前700万~1000万电动汽车上路的环保目标。

2012—2019年期间,德国政府为电动汽车的发展支出超过23亿欧元(德国联邦审计署,2019)。

德国在充电设施建设方面一直处于领先地位。政府对充电设施的补贴也计划提升一倍额度,总额达到6.73亿元,交通部门将成为气候变化政策的重要战场之一。充电设施补贴提升计划主要是基于2020年前电动汽车补贴提升到4000欧元的计划,它们将有利于德国在2020年底之前实现100万辆电动汽车发展的战略目标。

2020年6月,为了对抗新冠肺炎疫情的影响,保证德国经济的繁荣发展,联盟委员会实施了一项500亿欧元的未来一揽子计划,包括在气候技术和电动出行领域的未来投资,例如:将目前适用于纯电动汽车的十年机动车免税期延长至2030年12月31日;将环境奖金的联邦份额翻倍,作为新的"创新溢价";电动汽车和电池领域的研究与开发;使用替代动力系统实现公共汽车和货车车队的现代化,特别是推广电动客车及其充电基础设施;采购配备燃料电池动力的市政商用车,包括必要的氢气基础设施;"社会服务和工匠"车队交换项目;开发现代且用户友好的充电基础设施。

参考文献

[1] 黄瑜珈,李聪,戴梓源,等.浅析新能源电动汽车充电桩的选址研究[J].时代汽车,2021(11):122-123.

[2] 田枫,陈淮莉.考虑用户选择偏好的电动汽车充电站规划研究[J/OL].计算机工程与应用:1-10[2021-08-04].http://kns.cnki.net/kcms/detail/11.2127.TP.20210412.0919.010.html.

[3] 金辉.电动汽车充电设施选址的原则[J].大众用电,2021,36(03):35.

[4] Albert Culetto.电动汽车充电基础设施面临的挑战[J].电子产品世界,2021,28(02):22-23+34.

[5] 岳为众,刘颖琦,童宇,等.政府补贴在新能源汽车充电桩产业中的作用:三方博弈视角[J].中国人口·资源与环境,2020,30(11):119-126.

[6] 宋洁.大众汽车加速推进电动汽车充电基础设施建设[J].新能源科技,2021(02):9.

[7] 高运胜,金添阳.新形势下中国新能源汽车国际竞争力分析[J].国际经济合作,2021(04):65-76.

[8] 汪善进,程远.欧洲新能源汽车现状与发展趋势[J].汽车安全与节能学报,2021,12(02):135-149.

[9] 李方生,赵世佳,胡友波.欧洲新能源汽车产业发展动向及对我国的启示[J].汽车工程学报,2021,11(03):157-163.

[10] 福静.浅析中国新能源汽车发展现状、问题及对策[J].科技经济导刊,2021,29(09):112-113.

[11] Li,H.,Wang,J.. Exploration of the future development trend of pure electric vehicles[J]. Internal Combustion Engine & Parts,2020,20:155-156.

[12] Liu,K.,Li,A.,Sun,X. Optimizing spatial distribution of EV charging stations[J]. Urban Transport of China,2016,14(04):64-69.

[13] Guo,L.,Wang,K.,Wen,F.,et al. Review and prospect of charging facility planning of electric vehicle[J]. Journal of Electric Power Science and Technology,2019,34(03):56-70.

[14] Xing,Q.,Yang,Q.,Fan,J.,et al. Electric vehicle fast charging demand forecasting model based on data-driven approach and human behavior decision-making[J]. Power System Technology,2020,44(07):2439-2453.

[15] Wen,J.,Tao,S.,Xiao,X.,et al. Analysis on charging demand of EV based on stochastic simulation of trip chain[J]. Power System Technology,2015,39.6:1477-1484.

[16] Chen,J.,Ai,Q.,Xiao,F.. Electric vehicle charging station planning based on travel demand[J]. Electric Power Automation Equipment,2016,6:34-39.

[17] Yang, B., Wang, L., Liao, C.. Research on power-charging demand of large-scale electric vehicle and its impacting factors[J]. Transactions of China Electrotechnical Society, 2015, 28(02):22-27+35.

[18] Sun, Y., Liu, K.. The impact of mileage anxiety on the willingness to use pure electric vehicles[J]. Journal of Wuhan University of Technology (Transportation Science & Engineering), 2017, 41(01): 87-91.

[19] Speidel, S., Bräunl, T.. Driving and charging patterns of electric vehicles for energy usage [J]. Renewable and Sustainable Energy Reviews, 2014, 40:97-110.

[20] Smart, J., Schey, S.. Battery electric vehicle driving and charging behavior observed early in the EV project[J]. SAE International Journal of Alternative Powertrains, 2012, 1(1):27-33.

[21] Jahn, R. M., Syré, A., Grahle, A., Schlenther, T., & Göhlich, D. (2020). Methodology for determining charging strategies for urban private vehicles based on traffic simulation results. Procedia Computer Science, 170:751-756.

[22] 童光毅,电动汽车充电基础设施[M].北京:中国水利水电出版社,2016.

[23] 中国汽车技术研究中心,等.中国新能源汽车产业发展报告(2019)[M].北京:社会科学文献出版社,2019.

[24] 中国汽车技术研究中心,等.中国新能源汽车产业发展报告(2018)[M].北京:社会科学文献出版社,2018.

[25] 石红,吴松泉,郝冠琦,等.看德国如何支持电动汽车发展[N].中国汽车报,2019-07-18.

[26] 中国电动汽车充电基础设施促进联盟.2019—2020年度中国充电基础设施发展年度报告[R].北京,2020.